开封文化丛书

汴梁识小

李长傅 著

河南大学出版社
·郑州·
HENAN UNIVERSITY PRESS

图书在版编目(CIP)数据

汴梁识小/李长傅著.—郑州:河南大学出版社,2011.12
(开封文化丛书)
ISBN 978-7-5649-0527-9

Ⅰ.①汴… Ⅱ.①李… Ⅲ.①历史地理－研究－开封市
Ⅳ.①K926.13

中国版本图书馆 CIP 数据核字(2011)第 185430 号

责任编辑 谢景和		**封面题签** 王刘纯	
责任校对 谢 廓		**封底篆刻** 刘广祥	
封面设计 吕 玮			

出 版	河南大学出版社
	地址:郑州市郑东新区商务外环中华大厦 2401 号
	邮编:450046 电话:0371－86059701(营销部)
	网址:www.hupress.com
排 版	郑州市今日文教印制有限公司
印 刷	河南省瑞光印务股份有限公司
版 次	2011 年 12 月第 1 版 印 次 2011 年 12 月第 1 次印刷
开 本	890mm×1240mm 1/32 印 张 5.25
字 数	105 千字 插 页 1
定 价	10.00 元

(本书如有印装质量问题,请与河南大学出版社营销部联系调换)

李长傅先生像

李长傅先生著作书影

编 辑 人 语

  本书节选自我社 2007 年出版的《李长傅文集》"河南历史地理研究"中的相关著述。计《开封历史地理》、《开封地理环境的变迁》、《开封水道的变迁》、《朱仙镇历史地理》、《开封地名浅释》、《汴梁识小》六篇。

  李长傅先生为我国人文地理与历史地理学术名家，治学独具眼光。早在开封教书之际就对开封历史地理文化进行深入研究，并以小中见大举重若轻的文笔将其内涵予以揭示，视野广阔，见地精深，史识明鉴，浑然一体，真正是一种大家风范。

  《开封历史地理》把开封历史发展分为三个时期来叙述（春秋战国至北宋为发展时期，金、元、明、清至民国为衰落时期，新中国成立为新生期），运用翔实可靠的文史资料予以阐发，可谓考证、博览、精识的统一；其余诸篇也都是考证、辨识、精审的佳制。对于了解开封、认识开封，都是必不可少的入门介绍，启发后人深思者决非一例可言。

  作为生于斯长于斯的晚学，对于先贤的敬佩之情无以言表。唯一可做的就是将其经典引文详加校勘，并获知良多——个中感慨发诸情衷，读者明识，自当别有襟抱。

目 录

开封历史地理

绪　言…………………………………………（3）
第一章　发展时期……………………………（4）
　　一　上古开封的地理环境…………………（5）
　　二　战国大梁城的建立……………………（8）
　　三　从秦汉的浚仪到五代北宋的东京……（11）
　　四　汴水水利和开封发展的关系…………（15）
　　五　北宋东京的繁荣………………………（18）
第二章　衰落时期……………………………（35）
　　一　黄河泛滥对开封衰落的影响…………（35）
　　二　金元的南京和明清的开封府…………（38）
　　三　半封建半殖民地性城市时的开封……（49）
第三章　新生时期……………………………（58）
结　语…………………………………………（62）

汴梁识小

开封地理环境的变迁…………………………（65）

开封水道的变迁…………………………………（ 86 ）
朱仙镇历史地理…………………………………（ 98 ）
开封地名浅释……………………………………（115）
汴梁识小…………………………………………（132）

跋：书生意气乐潇然 ……………………… 谢景和(156)

开封历史地理

绪　言

　　开封市当东经114°19′,北纬34°48′,位于河南省中部偏东。陇海铁路从这里经过,北距黄河只有9公里。开封现在是河南东部的政治经济中心。1954年前开封是河南省省会,现在是开封专区专署所在地。工业方面正从轻工业城市向综合性工业城市发展。居民约27万。

　　开封是一个著名的历史古城。战国的魏,五代的梁、汉、晋、周以及北宋与金,都建都在这里,称我国六大古都(西安、洛阳、开封、北京、南京、杭州)之一。北宋时最盛,有汴河水运通达黄河、淮河及长江,成为当时全国政治经济的中心。金灭北宋,开封城市被破坏,经济衰落,而黄河泛滥的影响,也阻碍了它的恢复和发展。自元、明、清以至辛亥革命以后,开封只是一个地方性的政治经济中心城市。解放后,开封新生了。它已由消费城市转向生产城市,工农业生产正在飞跃地发展,城市的面貌也在逐渐改变。根据开封历史的发展,可以分做三个时期:即自春秋战国至北宋为发展时期,自金、元一直至国民党统治期为衰落时期,解放后为新生时期。本书就以这三个历史时期来作介绍。

第一章 发展时期

开封自春秋战国时代至北宋末,即自公元前8世纪到公元12世纪,从地方政治经济中心城市发展成为全国政治经济中心城市,这是开封的发生发展时期。后梁、后晋、后汉、后周及北宋都建都在这里,先后历195年。

开封历代沿革简表(1)

春秋	公元前722～公元前481年	属郑国
战国	公元前480～公元前221年	魏都大梁
秦	公元前221～公元前207年	属三川郡
西汉	公元前206～公元23年	浚仪开封二县,浚仪属陈留郡,开封属河南郡
东汉	公元23～220年	浚仪开封二县,浚仪属陈留郡,开封属河南尹
三国至魏	公元220～265年	浚仪开封二县,浚仪属陈留国,开封属河南郡
晋	公元265～420年	浚仪开封二县,浚仪属陈留国,开封属荥阳郡

开封历代沿革简表(2)

南北朝	公元 420~589 年	宋开封县属荥阳郡,省浚仪县,后魏开封县,太武帝时,省入苑陵县,宣武帝时复置,孝明帝时又置浚仪县,在浚仪县置陈留郡,以开封县为属,孝静帝时在开封县置开封郡,北齐省开封郡入陈留郡
隋	公元 589~618 年	浚仪开封二县,文帝时为汴州,炀帝时州废
唐	公元 618~907 年	浚仪开封二县,太宗时省开封入浚仪县,睿宗时复置开封县并为汴州治
五代	公元 907~960 年	浚仪开封二县,梁为开封府治,后唐为汴州治,晋汉并为开封府,梁晋汉周都此
宋	公元 960~1127 年	浚仪开封二县,真宗时改浚仪县为祥符县,并为开封府治,宋都此
金	公元 1127~1234 年	祥符开封二县,并为开封府治,宣宗后都此
元	公元 1277~1368 年	祥符开封二县,并为汴梁路治
明	公元 1368~1644 年	祥符县以开封省入,并为开封府治
清	公元 1644~1911 年	祥符县开封府废
民国	公元 1912~1948 年	改祥符县为开封县,废开封府

(据《祥符县志》改制)

一 上古开封的地理环境

开封位于华北大平原的边缘。如果把华北大平原地区作为一个大三角形,开封适在三角的尖端附近,东北离渤海约 500 公里,西到豫西丘陵地不过 50 公里。地势平坦,平均海拔在70公尺左右,向海面的平均坡度不过1/7000。开封在黄河的冲积扇上,因受河流的冲积作用,在有史初期,海拔当不到70公尺。华北大平原地盘同时也有沉降作用,所以变化很小,高度和今日相差甚微。有史初期,渤海海岸线在今日利津上游,开封离海较今日为近,所以坡度和今日也相差无几。

华北大平原的河流,在开封附近作扇状南北分流入海。以今天来讲,中是黄河,北是海河水系,南是淮河的支流。它们的变化很大,在有史初期,从北向南分为河、济、淮三条大水入海,号称四渎(江、淮、河、济)之三。河水即黄河,自孟津出山地,入平原,至大伾山折而北流,经河北平原分为若干支流,至今天津附近入渤海。济水自荥泽从河水分流,东经开封北分南济、北济二流,穿巨野泽下流循今日大、小清河东流入渤海。淮水源出桐柏山,东流入黄海,本流短而支流长,北岸的大支流有汝水、颍水、泗水等。开封沿泗水的支流汴水,属淮水第二级支流。汴水一作汳水,即浚仪渠,又名莨荡渠。发源于豫西山地东端的大周山,接纳京、郑、须、索四水,东流至中牟与沙水合流。又东至开封分为二支,一支为沙水,即蔡河,南流入颍;一支为汴水,东流入泗。开封在汴水南岸,属于淮水流域。但北距河水、济水都还远,公元前4世纪魏国凿运河,沟通汴水、济水、河水,开封适当华北平原西端水道的中心。

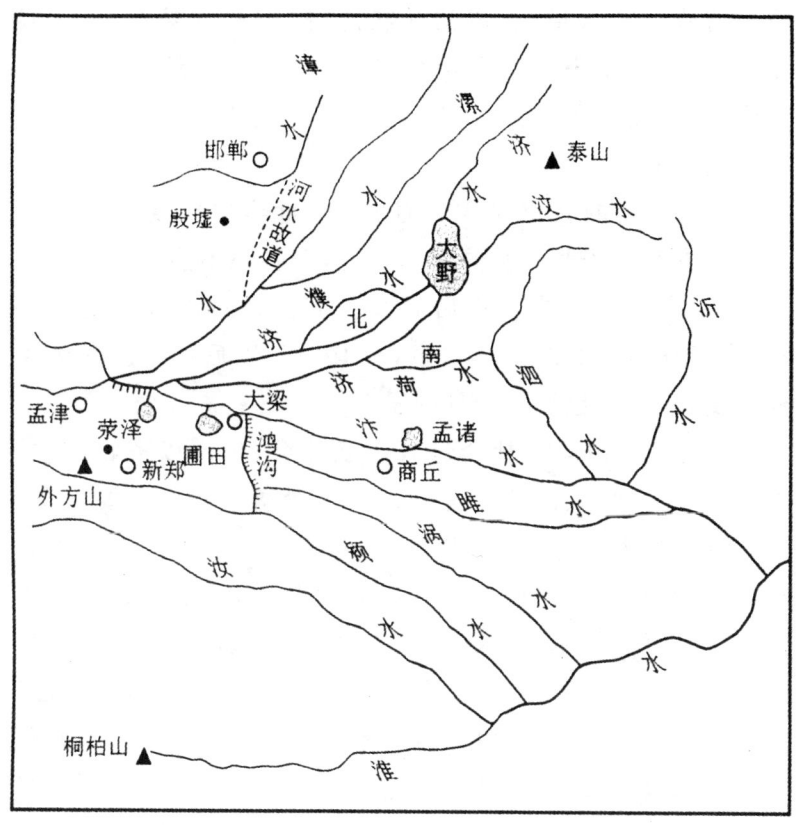

上古开封附近水系图(战国时代)

当时开封不但河道四达,而且附近湖泽广布,和汴水相沟通。西面有圃田泽,在今中牟西,距开封七十余里,它是历史上有名的湖,东西长五十里,南北宽二十五里,地形复杂。近城的有沙海,在今城西北十二里,面积较小。又有逢泽,又名逢坡或逢池,在今城东南二十四里,面积较大,南入尉氏境。这些湖泽水量浅,成沼泽状态,附近植物繁茂。《水经注》曾载:"大梁……汉文帝封孝王于梁,以土地下湿,东都睢阳(今商丘)。"开封因附近河湖交错,所以地势低湿,这是它地理上的特征。

开封气候的特点是大陆性强,雨量集中于夏季而变率大。历史时期华北气候的变动问题,今日还不能解决。一般说来,上古气候比中古以后温和。上古开封附近因河湖四布,由于气候影响的水旱灾害,没有中古以后严重。又因森林繁茂,盐碱土也没有今日的发育。

上古时代由原始社会进入奴隶社会,生产以畜牧为主,原始农业为副,人们开始定居而产生聚落。畜牧需要水草,但同时又要避免水患,所以多居河旁高地。到完全进入农耕,才逐渐移居河边低地。生产力发展后,手工业和农业逐渐分工而诞生了城市。随着商业的发生,城市获得了进一步的发展。开封因土地低湿的影响,城市的发展比附近的郑州、商丘等地较晚。但由于河湖密布,水道四达,利于农业和通商,因此城市的诞生虽然较晚,而发展很快。总之,在生产力薄弱的上古,地理环境比较优越,这对于开封城市初期的发展,有一定的影响。

二　战国大梁城的建立

开封附近是我国最早开发区域之一。根据安阳、新郑、郑州等地发掘的甲骨、陶器、青铜器等遗物看来,早在殷商时代(公元前18至公元前12世纪)已经由游牧而进入农耕,手工业和原始交换商业已经发生,社会生产方式已进入奴隶社会。随着阶级和国家的出现,城市开始发展。到了春秋战国时代(公元前722～公元前221)因铁器的发明和应用,生产力进一步提高,铁犁和牛耕的使用以及铁器工具的制造,促使农业和手工业的发达,从而刺激了商业的活动,这个地区的大城市出现了。

开封城市的诞生比附近的安阳、新郑、商丘等城市较晚。春秋时这一带是郑国的地方,郑庄公命郑邡在此筑城,取开拓封疆的意思,命名开封(见《寰宇记》),作为当时囤粮储粟之地。位置在今城南四十多里古城村西北,距朱仙镇东六里处。它的规模是很小的。战国时为周梁伯之地,筑城名新里(见《水经注》),位置在今城西南。从春秋到战国,由于各地方经济的普遍发展,政治也起了很大的变化,各国诸侯用武力扩张他们的势力。公元前4世纪中叶,魏国一方面想要控制中原,一方面要避秦国的武力威胁,魏惠王九年(公元前362年)便把首都从山西高原的安邑迁到这里新里城附近,命名大梁。战国时有三个梁国,开封叫大梁,夏阳叫少梁(今陕西韩城),汝县叫南梁(今河南临汝)。魏惠王迁都大梁后,又称梁惠王,孟子见梁惠王的历史就发生在这里。大梁城沿汴水,地位在魏国的南疆,和韩都新郑、宋都商丘成掎角之势,形势很重要。魏国所以选这个新城市做首都,不是没有原因的。

大梁不仅是魏国的政治中心,同时也是一个商业城市。

它附近是主要的农业地带。魏国在迁都的第二年就着手修理浚仪渠,引河水循汴水至圃田泽到大梁城北,折南循沙水(即蔡水)入颖水,这就是历史上有名的楚汉相争的"鸿沟"。《史记·河渠书第七》所载"荥阳下引河东南为鸿沟,以通宋、郑、蔡、曹、卫,与济、汝、淮、泗会",就是指这条运河沟通了河水、济水和淮水,使大梁成为水运网的中心,同时因灌溉便利,促使了农业的发展。《史记·张仪列传第十》载,张仪认为:"(魏)地四平,诸侯四通辐凑,无名山大川之限。从郑至梁二百余里,车驰人走,不待力而至。"这样的地理环境,对大梁的水陆交通提供有利的条件,促进商业和手工业的发展。但就当时全国范围来讲,它是次于咸阳、洛阳、邯郸、定陶、临淄等城而属于第二级城市。这是因为大梁一则是一个新兴的城市,没有历史基础;二则是黄河中游当时是人口和城市密集的地方,如《史记·货殖列传第九十九》所载:"夫三河在天下之中……土地小狭,民人众,都国诸侯所聚会。"所以要发展成为一个更大的工商业城市的

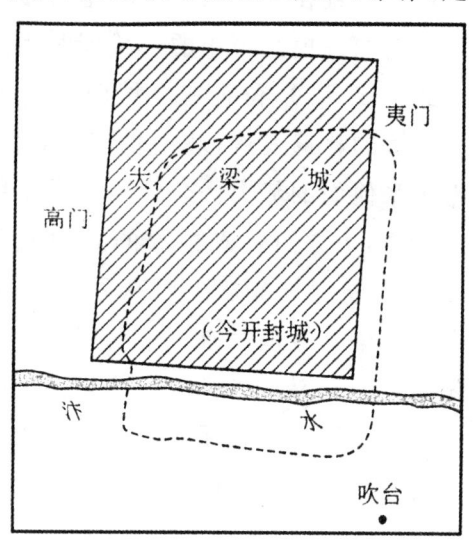

大梁城位置示意图

可能性是不大的。

大梁城的位置据《读史方舆纪要》载："在今城西北……史记大梁东门曰夷门，侯嬴为夷门监，即此。括地志，今大梁城北门是也。"周城《宋东京考》载："高门在固子门外西北二里，即梁惠王故城之门也。门已废久，今土人犹名其乡曰高门，亦曰梁王城。"大梁城有十二门，今可考的只有这二门。按《括地志》是唐代的著作，唐代的开封城与今城相当。考今铁塔在夷山上，夷门在铁塔附近，即大梁城的东壁抵现在的铁塔。固子门是开封外城的西门，今名固门村，在城西三里余，高门又在其西二里，则大梁城的西壁，在今城西五里余，南壁假定到故汴河北岸，今相国寺南，北壁推算在今城北五里。则大梁城的面积，比今开封城稍大。

春秋战国时所遗留的古迹，据传说，除夷门外，南门外的古吹台，是古音乐家师旷吹奏乐曲的地方；朱仙镇是朱亥故里；信陵君墓在今城东南十二里；梁惠王墓在城西南十二里的梁境村。这些古迹，实在并不是历史遗迹，只是历史上的传说而已。

三　从秦汉的浚仪到五代北宋的东京

秦始皇二十二年（公元前225年）命王贲攻魏，王贲引浚仪渠水灌大梁，大梁城被破坏。秦灭魏后在此设浚仪县，属三川郡。浚仪以渠得名，《水经注》引《陈留风俗传》载："县北有浚水，象而仪之，故曰浚仪。"常茂徕《石田野语》载："汴梁故名浚仪。浚仪春秋二邑名,浚即诗经卫风在浚之郊,仪即论语仪封人是,名汴梁曰浚仪,盖其地居二邑之间也。"浚邑《水经注》称浚城,在今濮阳附近,仪封即兰封(今与考城合并为兰考县),以后说较合理。秦在开封故城另设开封县,唐太宗贞观中并入浚仪,睿宗延和初复析置开封县,移入郭下,明初并入祥符县。

汉浚仪县属陈留郡,它是楚汉战争时的要地,郦食其对汉高祖说:"夫陈留,天下之冲,四通五达之郊也。"(《史记·郦生陆贾列传第三十七》)可以想见当时开封的重要。汉文帝曾封梁孝王于大梁,后因其地卑湿,迁至睢阳(今商丘)。据历史传说,梁孝王筑梁园,又称菟园或梁苑,广袤三百里,自大梁至睢阳,建设了许多园林亭台。梁孝王是一个地方封建领主,依当时的历史条件看,他不可能建筑这样大规模的花园。我以为这是指封建领土的庄园而言。

晋浚仪县属陈留国。后魏仍属陈留郡。东魏在此置梁州。北周因城濒汴水,改名汴州。隋大业初州废,县属荥阳郡。唐仍置汴州。德宗时在此设宣武军,德宗建中二年(公元781年),宣武军节度使李勉重筑汴州城,这是开封城垣可稽考之始。

五代时梁、晋、汉、周都建都在这里。梁朱全忠称东都,升汴州为开封府,这是开封成为首都之始。晋、汉、周都称东京。建都的年代后梁为两年,后晋十一年,后汉四年,后周九年,共计二十六年。开封由地方政治中心而成为中国北方的政治中心,经济随之发展,城市也扩大了。周显德三年(公元

956年)增筑外城,奠定了东京城市的规模。宋统一中国(公元960年)仍名东京开封府。真宗大中祥符年间,改浚仪县为祥符县。宋都在此达167年,这是开封的极盛时代。

开封自秦至宋,由一个地方性城市发展为中国北方政治经济中心城市,最后成为全国政治经济中心城市。下面谈谈它的形成原因:自秦统一中国,中央集权的专制封建国家形成,当时开封只是一个地方性城市。后魏统一中国北部,实行均田制,经济也有相当的发展。后魏孝文帝,自平城(今大同)迁都洛阳,而开封位于洛阳与东南交通贸易必经之所,地位逐渐重要。隋、唐先后建都长安、洛阳,自隋开通济渠,沟通渭、河、汴、淮、江诸水,构成横断东西的大运河,开封位于大运河的中枢。随着隋、唐经济的发展,城市也获得进一步的发展。故《新唐书·列传第五十六李勉》载:"汴州水陆一都会。"唐张鷟《朝野佥载》记汴州的无赖李宏敲诈商人积累巨万,可见汴州商贾之多,资力之厚。唐德宗兴元二年(公元785年)自宋州(今商丘)移宣武军驻此,开封同时也成为军事重镇。朱全忠以宣武军节度使篡唐建梁朝,就建都汴州,称为东都,而称洛阳为西都。后唐都洛阳,但当时洛阳因数次遭受战争破坏,地位已不及开封重要,所以后唐郭崇韬说:"汴州关东冲要,地富人繁。"石敬瑭也对后唐明宗李嗣源说:"大梁天下之要会也。"胡三省在《通鉴注》上加以解释说:"大梁控引汴河,南通淮泗,北接滑魏,舟车之所凑集,且梁旧都也,故敬瑭云然。"以后石敬瑭篡唐建晋朝,以"大梁舟车所会,便于漕运,天福三年(公元938年)遂建东京于汴州"。从此开封取长安、洛阳的地位而代之。

宋太祖本来不想建都在开封,曾说:"迁河南未已,终当居长安耳。"又说过:"吾欲西迁,据山河之胜,以去冗兵,循周汉故事以安天下也。"后来不得已留在开封,又说:"不出百年,天下民力殚矣。""因开封无山川之阻,为四战之地,故太祖以兵为营卫,畿内常用十四万人。"就战略上说,开封的地理条件是不利的。范仲淹和宰相吕夷简论建都事,范仲淹说:"洛阳险固,汴为四战之地,太平宜居汴,即有事,必居洛阳。"就说得很明白。明知战略上不利,而还是建都在开封,主要是由于封建政权的经济命脉漕运的关系。明太祖也曾想建都汴梁,后来没有成功。明人的建都议说:"都汴者以河汴流通,挽输便易为美谈。"自五代以来,长安、洛阳都已衰落,开封事实上已成为全国经济、交通上的中心。宋皇朝为了便于搜刮全国财富,统治全国人民,所以选择这个地方作为都城。同时赵匡胤陈桥兵变夺取政权,开封是他的发源地,有他的武力基础。所以宋朝的建都东京,是由历史经济发展的条件所决定的。

秦、汉、魏、晋的开封城市情况不可考。唐宣武军节度使李勉重建汴州城的范围,相当于今日的开封城。既是重建,以前一定已有城。根据开封历史发展的条件来推想,旧城可能初建于南北朝时期。后周所建的外城,相当于今日的外土城。这就是宋东京城的前身。五代以前遗留下来的古迹有:相国寺,即齐天保六年(公元555年)所建的建国寺,唐睿宗时改名相国寺;铁塔寺,即齐天保十年(公元559年)所建的独居寺,唐太宗时改为封禅寺,宋代改为开宝寺;吹台平台曾见于魏阮籍,唐杜甫、高适等人的诗咏中。其他遗迹不能一一证实了。

四 汴水水利和开封发展的关系

开封的发展和汴水水利有密切的关系。汴水是淮水支流,但和济水、河水也相近,魏惠王自荥阳开鸿沟,使汴水与河水、济水及淮水上流相通,促进了大梁城经济的发展。汉平帝时,黄河南奔冲汴,荥泽淤成平地。光武建武时,汴水东浸日烈,旧有水门,都在河中。明帝永平十二年(公元69年),王景修渠筑堤,自荥阳东至千乘海口(今山东利津),长千余里,河、汴分流,中筑长堤间隔分为两界,黄河东北流入海,汴河东南流入泗。东南的漕运由淮、泗入汴再通洛阳,岁久堙废了。晋末刘裕灭秦,从长安出发,自洛入河修浚汴渠而归,后来又堙塞了。

汴河和其他华北地区的河流一样,受黄河的影响容易淤塞。统治阶级为了自身的利益起见,也时常驱使劳动人民加以修浚成为南北重要水运路线。但在东晋南迁以前,长江下游未完全开发,东南地区经济不发达,南北物资交流不盛,汴水对开封经济的发展作用不大,所以自秦、汉至魏、晋,开封城市的发展是迟缓的。

东晋南迁以后,东南地区经济逐渐开发,南北物资交流渐盛。开封濒临汴水,为黄河下游和淮河上游的水运要地,南北朝时城市开始发展,北周称开封为汴州,也可见汴水对开封的重要。

隋在长期分裂后统一了中国,采用北魏的均田制,使农业生产获得发展。因为国内市场扩大,手工业商业也发达起来,隋皇朝为了要巩固它的政治、经济统一的力量,计划开凿沟通江、淮、河三大水的运河。大业元年(公元605年)役使河南诸郡劳动人民百余万,自板渚(在汜水东北三十五里)引黄河入汴水至开封,又东南至商丘循涣水(今浍河)入淮,名通济渠,又名御河。渠广四十步,渠旁皆筑御道,栽植柳树,叫做隋堤,又称汴堤。唐改通济渠为广济渠,开元间曾加修浚,天宝以后渐废。五代的梁、晋、汉、周和北宋为了便利漕运,迫切要求修浚。后汉乾祐三年(公元950年)修汴水,立斗门,以防备旱涝。后周显德四年(公元957年)疏汴水入五丈河;六年(公元959年)于汴口(在板渚东十五里)立斗门,又自开封城东导汴水入蔡水,以通陈、颍的漕运,导汴水入五丈河,以通曹郡的漕运。宋太祖建隆三年(公元962年)导索水、须水入汴,叫做金水河,每年在汴口均节水势以济江、淮漕运。以后对汴水诸水常加修浚,漕运畅通。

宋代开封河道四达,汴(即通济渠)、蔡(一名惠民河)、金水河(一名天源河)、五丈河(一名广济河)称为四渠。后又以汴、惠民、黄、广济称为四河,为漕运的要道。蔡河在城东南自汴水分流,一名沙河,分东西两河,西蔡河经尉氏,东蔡河(一名惠民河)经通许,至陈州同入颍河。金水河即天源河,上源即荥阳的京水,至开封入汴水。五丈河在城北自汴水分流,东北会曹、郓诸水,下流接济水。

　　开封四河的漕运以汴河(汴水)最多,据《宋史·食货志·漕运》载:"太平兴国六年(公元981年)汴河岁运江淮米三百万石,菽一百万石,黄河粟五十万石,菽三十万石;惠民河粟四十万石,菽二十万石;广济河粟十二万石,凡五百五十万石……至道初(公元995年)汴河运米五百八十万石。大中祥符初(公元1008年)至七百万石。""江南、淮南、两浙、荆湖路租籴,于真、扬、楚、泗州置仓受纳,分调舟船,沂流入汴,以达京师。""陕西诸州菽粟,自黄河三门沿流入汴,以达京师。""粟帛自广济河而达京师者,京东之十七州。""由石塘惠民河而至京师者,陈、颍、许、蔡、光、寿六州。"列举四河运输的范围,以汴河的运输为最远最广。实际上汴河吸引的商品,还不仅以江、淮、两浙、荆湖诸路为限,岭南、川蜀的货物到京师的,大都也经由汴河。《宋史·食货志》又载:"广南金、银、香、药、犀、象、百货,陆运至虔州,而后水运。""川、益诸州金、帛及租市之布,自剑门列传置,分辇负担至嘉州,水运至荆南,自荆南遣纲吏,运送京师。"虔州就是现在的江西赣州。岭南货物由陆路至赣州,沿赣水入江,沿江而下至真州(今江苏仪征),入江北运河以达于汴,则岭南也属于汴河运输范围。川蜀的货运陆路集中在嘉州(今四川乐山),由长江运至荆南(今湖北江陵)。宋代官物虽由江陵陆运至京师,不必经由汴河,但商人货物仍由江陵沿江东至真州入江北运到汴,所以川蜀也可视为汴河所通的区域。《宋史·河渠志》载:"汴水横亘中国,首承大河,漕引江湖,利尽南海,半天下之财赋,并山泽之百货,悉由此路而进。"就可以说明这情况。

宋神宗熙宁六年(公元1073年)应天府知府张方平更具体地说明了汴河漕运对开封的关系。他说:"……汴河斛斗六百万石,广济河六十二万石,惠民河六十万石。广济河所运止给太康、咸平、尉氏等县军粮而已。惟汴河专运粳米,兼以小麦,此乃大仓蓄积之实,今仰食于官廪者,不惟三军,至于京师士庶以亿万数,大半饱于军食之余。故国家于漕事至急至重……汴河乃建国之本,非可与区区沟洫水利同言也。"汴河诸渠对开封主要的作用是漕运,汴京城市的食粮靠汴河的漕运供给。至于当时京畿一带沟洫纵横,农田灌溉之利是不用说的。据《宋史·食货志》载,还利用汴河水力装置水磨,供工业动力之用(如茶叶加工)。

北宋末期,汴河失修,河床堙塞。钦宗靖康初(公元1126年)曾有干涸月余的情形发生,航运受到阻碍。宋南渡后,汴京沦陷,汴、淮交通断绝,汴河也堙废了。

五 北宋东京的繁荣

宋都开封称东京开封府,历167年。北宋末季达到繁荣的最高峰。

1. 自然环境

宋东京城跨汴河,为汴河和蔡河、金水河、五丈河的交汇点,地势低平。但城市附近河流湖沼四布,且有人工的土丘,到处林木苍郁,自然景观并不单调。

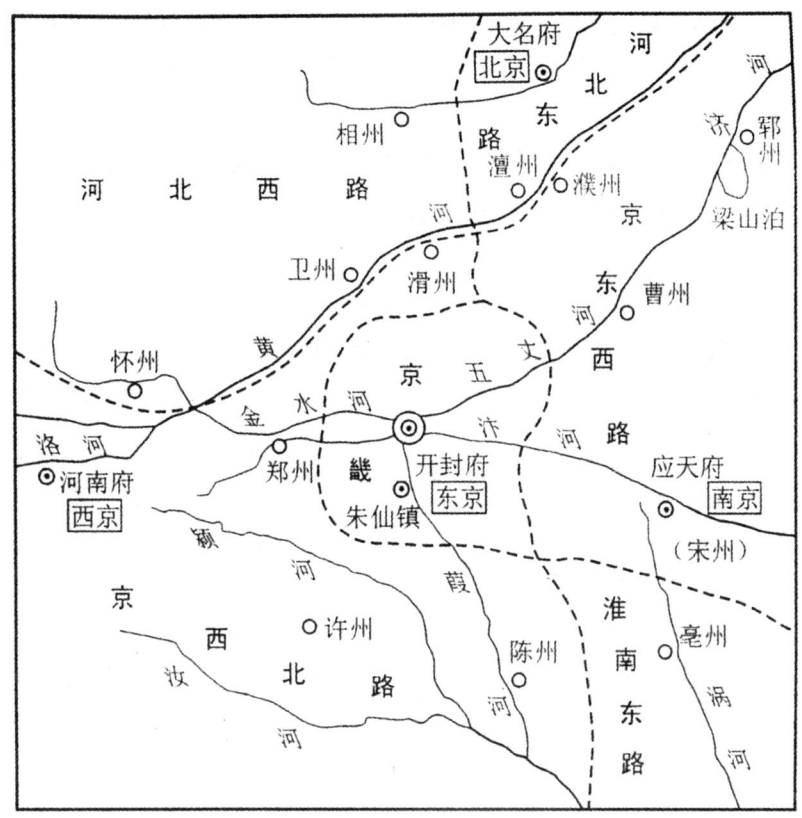

北宋开封附近图

东京自然环境的特征,主要是人为的环境。对东京影响最大的四渠,都是人工运河。它们不仅为漕运要道,而且对近郊的农田灌溉、城市工业用水及居民饮料的供给,都有很大的作用。东京四渠水道网是五代到北宋时所形成的。但自隋开通济渠后,引河入汴,加强了汴河的沉淀作用,就非时加修浚不可。宋初役使民夫每年修浚一次。大中祥符中改为三年修浚一次，后来工作渐弛，汴河二十年不修，年年堙淀。宋沈括《梦溪笔谈》述及当时汴河的情况："自汴流堙淀，京城东水门下，至雍丘、襄邑河底，皆高出堤外平地一丈二尺余，自汴堤下瞰民居，如在深谷。"就是到了北宋末年，东京的自然环境也逐渐破坏了。

2. 城市结构与区划

东京有城三重。外城周四十八里二百二十三步，徽宗政和六年（公元1116年）扩展至五十里一百六十五步，作长方形，南北长而东西略窄，约当今日开封四周的土城遗址。内城（里城）在外城中央，周二十里一百五十步，也作长方形，约等于今日的开封城。皇城在里城内北部，周九里十八步，作正方形，位置在今日的龙亭及其附近。

外城是后周世宗时所筑，宋真宗、神宗时重修，徽宗时把南方城垣扩大，周围达五十里，一称罗城，又名新城。外有城濠名护龙河，阔十余丈，濠内外皆植杨柳，粉墙朱户，禁人往来。外城辟十三门，另有七个水门。外城主要是作防御用，据《东京梦华录》载："新（外）城每百步设马面、战棚，密置女头，旦暮修整，望之耸然。城里牙道，各植榆柳成荫。每二百步置一防城库，贮守御之器，有广固兵士二十，指挥每日修造泥饰，专有京城所提总其事。"可见它的建筑完整和防御严密。

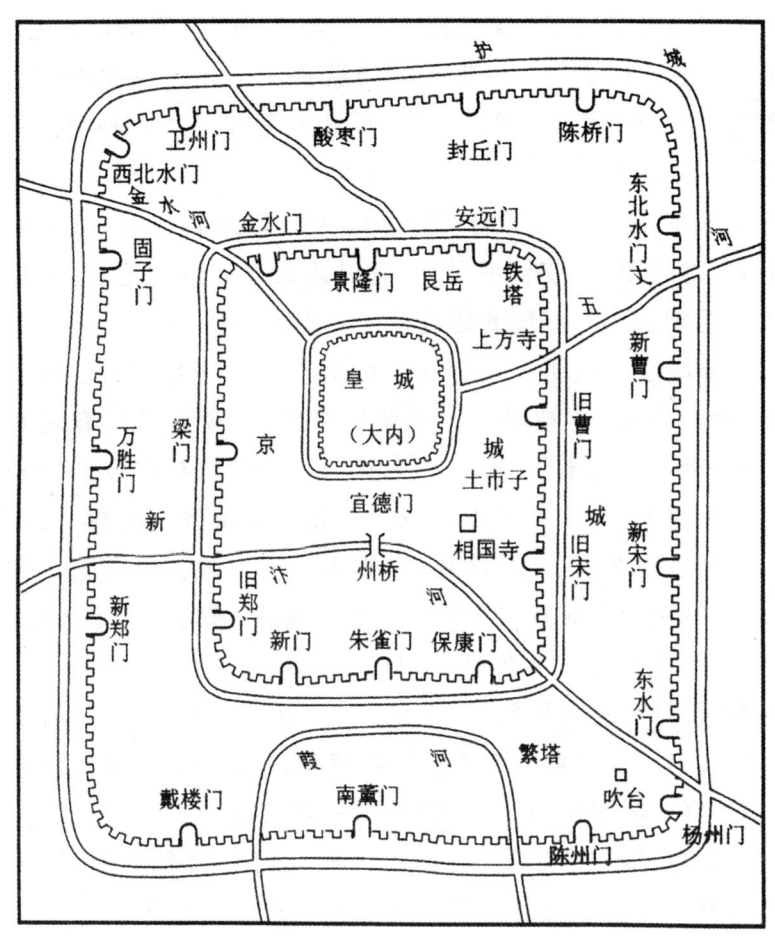

宋朝东京城市结构示意图

外城轮廓的形状,据宋岳珂《桯史》载:"开宝戊辰(公元961年)艺祖(赵匡胤)初修汴京,大其城址,曲而宛,如蚓屈焉……时人咸罔测,多病其不宜于观美。熙宁乙卯(公元

1078年)神宗在位,遂欲改作……卒不敢更,第增陴而已。及政和间(公元1111～1118年)蔡京擅国……一撤而方之如矩,堋、堞、楼、橹,虽甚藻饰,而荡然无曩时之坚朴矣。靖康(公元1126～1127年)金人南牧时,大将率兵,扬鞭城下,有自得色,曰:是易攻下,令植炮四隅随方而击之,城既引直,一炮所望,一壁皆不可立,竟以此失守。"这个记录,可以证明北宋末东京城垣的建筑是作直线的。

外城遗址在明代还存在。清道光二十一年(公元1841年)黄河泛滥,遂被淤没。外城门遗迹,至今可考的有扬州门,在今城东南七里,今讹作阳正门。郑门口村在今西门外西三里稍偏南,今讹作正门口。其北一里余有土城村,又北二里余有南北固门村,两村间,即固子门旧址。里城建筑年代不详,唐德宗时宣武军节度使李勉重建,宋时一称京城,辟十门。南壁三门,中名朱雀门(一名尉氏门),东名保康门,西名新门(一名崇明门)。东壁二门,南名旧宋门(一名丽景门),北名旧曹门(一名望春门或迎春门)。西壁二门,南名旧郑门(一名闾阖门),北名梁门(一名宜秋门)。北壁三门,中名景隆门,东名旧封丘门(一名安远门),西名金水门(一名天波门),金水河由此门流入里城。东京外城里城的城门名,有交通地理的意义。如南面的陈州门通陈州,尉氏门通尉氏县;东面的宋门通宋州(今商丘),曹门通曹州;西面的郑门通郑州;北面的陈桥门通陈桥镇,封丘门通封丘县,酸枣门通酸枣县(今延津),卫州门通卫州(今汲县),万胜门通万胜镇。

皇城即宋大内，又名紫荆城。原为唐代宣武军节度使署，后梁都汴时改为建昌宫，后晋改为大宁宫。宋太祖建隆三年（公元962年）又增广皇城东北隅，四年（公元963年）按洛阳宫阙进行增修，辟为六门。

东京城郭的部署皇城在中央，外围为里城，又外围为外城。这是我国传统的理想国都计划的实施。如汉、晋、北魏的洛阳城，元大都燕京城，明、清的北京城等都属这一类型。宋东京城的布局承北魏洛阳城的规划而来。不过北魏洛阳的商市在城外而无外城，而五代、北宋的东京城则多了一个外城。

东京街道分布的形态和城门相配合。主要的干线叫御路，有四条：一自大内宣德门向南经朱雀门到南薰门；一自宣德门外向东经旧宋门到新宋门；一自第一御路的州桥向西经旧郑门到新郑门；一自第二御路的土市子向北经旧封丘门到新封丘门。其他街道自御路分支，纵横四通各城门，街道皆作直交，分布作方格状。就全城看，由于皇城在中央，街道不能穿皇城而过，所以反不如州县城能在城中心构成十字街。街道的规模，以御路最宽广，其他各门大街次之。最典型的是宣德门外的御街，据《东京梦华录》的记载："坊巷御街，自宣德楼一直南去，约阔二百余步，两边乃御廊……各安立黑漆杈子，路心又安朱漆杈子两行，中心御道，不得人马行走，行人皆在廊下朱漆杈子之外。杈子里有砖石瓷砌御沟水两道，宣和间尽植莲荷，近岸植桃、李、梨、杏，杂花相间，春夏之间，望之如绣。"这条街有人行道，有上水道，有路旁花圃，当时虽是为封建帝王的威武和消遣而设,但劳动人民的城市设计,还是一种创造。

东京四渠贯串全城,所以桥梁也是城市构成的一个主要部分。东京城内外共有桥梁三十三座,其中汴河十三座,蔡河十一座,五丈河五座,金水河三座,又曹门小河子一座。桥梁的建筑也有相当的规模,可作代表的如东门外七里的虹桥,据《东京梦华录》的记载:"其桥无柱,皆以巨木虚架,饰以丹艧,宛如飞虹。"里城汴河上的州桥(正名天汉桥)"其桥……低平不通舟船,惟西河平船可过,其柱皆青石为之,石梁石笋楯栏,近桥两岸皆石壁,雕镂海马水兽飞云之状,桥下密排石柱,盖车驾御路也。"虹桥的建筑形式,便于船只往来。州桥是平桥,因为皇帝车驾御路在此经过。

从汉、晋到隋、唐,我国的城市区划即所谓坊里制。这个制度以首都最完备。在城内,依着纵横的街道,围成许多方形的区域,这叫做"坊",又叫做"里"。坊门开闭,击鼓为号,开封府有街鼓制,到仁宗时才废去。由于东京的商业发达,街道设立商店、酒楼、茶坊,因此坊门的启闭,没有什么重要的意义,坊制名存实亡。坊里制有加强封建统治的意义,坊里制的破坏对京城治安的影响很大,所以宋真宗时另施行厢制,坊名还保留着。大中祥符中,东京分为八厢,下辖八十余坊。厢设厢吏,归开封府统管;街巷每二百步立屯署,置兵二十人,夜间巡逻,负预防火灾和维持治安的任务。

城市的职能分区,在施行坊里制时很明显,特别是住宅区与商业区的划分。由于坊里制的限制,所有街道不可能都设立商店，所以，必须在适当的地点建立商业区。如北魏的洛阳城和唐长安城住宅区与商业区截然区分。但是宋东京城的坊里制破坏，街道开设了商店、酒楼、茶坊，商业区分散，与住宅区相错杂。由于工商业和运输的发展，管理官营工业、仓库等的政府机构（称外诸司）不得不分设各处，行政区也不集中。现在只就地区的主要职能说明它们的分布情况：

① 行政区即皇城，为帝皇宫殿和内诸司（中央政府诸机构）所在地。

② 商业区在里城东南部，外城东南部、东部及西部。商业最盛的地区，一在宣德门东的潘楼街与土市子一带，一在州桥东的相国寺附近，前者是一个金融中心，后者是百货汇聚之所，相国寺自来是"万姓交易之所"，就可以证明这一点。在坊里制时这两个大概都是商市。坊里制破坏后，商业区扩散入住宅区，但是大部分街道的商店不过是药铺、酒楼、羹店和茶坊，供住宅区的消费而已。

③ 住宅区包括里城外城的大部分，除商业中心地外，和商业区相交错。

④ 码头区在城外运河沿岸，如州东的虹桥、陈州门及州北五丈河，共有仓五十多所，专运卸漕米。

⑤ 风景区在四郊和里城东北隅艮岳一带，前者多统治阶级的花园和皇室的别宫，后者是皇帝的御园。

总之，东京是一个典型的封建都城。从城市结构来看，前朝后市，左祖右社，中央宫阙，四周民里，是合乎这个规划的。城郭街道的布局和建筑规模,甚至桥梁的建筑形式,一切都从封建统治阶级的利益出发。由于北宋商业资本的发达,破坏了传统的坊里制,城市的职能分区,已不及过去一些封建都城的整齐划一了。

3. 工商业与交通

东京为北宋的经济中心,工商业都很发达。神宗熙宁十年(公元1077年)全国诸州商税岁额,在四十万贯以上的仅三处。而东京年纳税达五十五万余贯,据全国第一位。

东京经济的发达,是建筑在封建消费的基础之上的。手工业主要是官营工业,著名的有衣服、绫锦、瓷器、印刷、酿酒等。方绫锦和方纹锦,称京师贡品。徽宗大观元年(公元1107)在此设立官窑,采用陈留、钧州(今禹县)的原料,烧制御用瓷器,出品精致,当时称天下五大名窑之一。东京印刷的精美,也不减杭州。

东京的手工业已经发展到手工作坊或手工工场,而以官营工业规模最大。如属于绫锦院的织工有四百人,军器所的万全军匠有三千七百人,东西作工匠有五千人,共八九千人。军器所的作坊,分火药作、青窑作、猛火油(石油)作、金作、火作(火箭、火球、火蒺藜等)、大小木作、大小炉作(锻冶)、皮作、麻作、窑子作十部分。私人的手工作坊,有金银铺、饼店、包子店等,饼店又分油饼店和胡饼店,据《东京梦华录》载,胡饼店"每案用三五人,抒剂卓花入炉……每家有五十余炉"。官营工场的工人主要是招募(叫做募匠)来的,必要时,由官厅或当地行会差充(叫做当行)。雇佣劳动已很普遍,据《东京梦华录》载:"凡雇觅人力,干当人、酒食、作匠之类,各有行老供雇。觅女使即有引至牙人。""早辰桥市、街巷口皆有木竹匠人,谓之杂货工匠,以至杂作人夫、道士僧人,罗立会聚,候人请唤,谓之'罗斋'。"这代表我国封建社会工业经济发展的高度形态。

东京是全国政治中心,成为皇族官僚聚居百万以上人口的大消费城市,商业就是在这个基础上发展起来的。东京为全国物资交流的中心,商业极发达。北宋货币经济(交子、会子)的发展,也促使商业比前代发展。有许多大商人资力雄厚,经营米、茶、盐等贸易,米商百余家,贩卖额达千数百万贯,一家的平均贩卖额有十数万贯。各种商业中以金、银、彩帛的交易最大,这是宋代价值最高的商品。宋对西夏、辽、金所献的岁币,就是金、银、彩帛。《东京梦华录》载:由宣德门东去潘楼街"南通一巷,谓之'界身',并是金银彩帛交易之所,屋宇雄壮,门面广阔,望之森然,每一交易,动即千万,骇人闻见"。最普遍的商业是药铺、酒楼、羹店、茶坊等。到处都有夜市,如州桥夜市,营业直至三更。又有晓市,称鬼市子。酒楼附近每有妓馆、瓦子等,都表现着这个大消费城市的特征。

东京商业的分布情况,据《东京梦华录》所载,内城东南隅,即旧宋门内、保唐门内、东华门外一带地域为最繁盛的商业区域;其次是大内南内城南部的商业区;再为旧曹门外,即外城东部地区,商业不及内城,以及外城南部地区商业亦不及内城。内外城有显著的区别：内城有各种商店，而外城则是酒楼、妓馆和瓦子。这和它们发展的先后也有关系，内城本是坊里制时代的商市，而外城是以后发展起来的。

东京商品种类繁多，据宋周邦彦的《汴都赋》描述：有"安邑之枣，江陵之桔，陈夏之漆，齐鲁之麻；姜桂藁谷，丝帛有缕，鲐鮆鰌鲍，酿盐醯豉；或居肆以鼓炉橐，或杖刀以屠狗猪。又有翳无闻之珣玕，会稽之竹箭，华山之金石，梁山之犀象，霍山之珠玉，幽州之筋骨，赤山之文皮，与夫沈沙栖陆，异域所至，殊形妙状，目不给视。"如此形容虽不免夸大，但也可见东京商业范围的广泛，几乎集中全国的商品了。

东京的工商业虽然发达，但是北宋的封建制度，却是当时工商业发展的极大障碍。北宋皇朝随着商业的发展，对商业课以重税。对盐、茶、酒、香药等采取专营专卖制度，用垄断手段来剥削消费者以增加财政收入，也大大限制了私营工商业的经营范围，使商业资本不能获得进一步的发展。

东京对外交通最主要的是汴河，构成以东京为中心的水运网。其他水路则西经黄河由永济渠（隋炀帝开今卫河）可通河北。陆路可分四路，有东经应天（今商丘）、徐州、楚州（今江苏淮安）通两淮、两浙诸路；西经洛阳、长安远通西夏、吐蕃；南经襄阳、江陵通荆湖、广南诸路；北经大名、保州（今河北保定）远通辽、金。适当全国水陆交通的中心，对它工商业的发展有很大的作用。

《汴都赋》对东京交通运输的盛况有这样的描述："自淮而南，邦国之所仰，百姓之所输，金榖财帛，岁时常调，舳舻相衔,千里不绝,越舲吴艚,官舻贾舶,闽讴楚语,风帆雨楫,联翩方载,钲鼓镗鞳,人安以舒,国赋应节。"在这段描写中,可见水运交通的特别发达。

东京的市内交通工具主要是车辆。最大的叫太平车,用骡或驴二十余或牛五、七头拖拉拽,可载重数十石,专运笨重货物。较小的有平头车,用一牛拖拽,一般酒店作为载酒之用。妇女坐的车子,与平头车相似,但前后有构栏门和垂帘。又有独轮车,前后两人把驾,两旁两人扶拐,前有驴拽,叫做串车。为一般载竹、木、瓦、石,只用一人或两人推。平盘两轮叫浪子车,用人力拽。此外还有人力肩舆(轿子)和乘骡、马等交通工具。可见城市交通已很发达。

宋名画家张择端的《清明上河图》是东京城郊清明时节的写真,图中河上架有拱形桥,河中有运粮船,城门内外街道上有饭店、酒楼,往来的劳动人民或挽车或肩担,贵族男女则轿马往来。这幅图可以看到东京市容的一隅和交通情况。

4. 居民与社会生活

东京由于经济的发展,人口增加很快。太宗太平兴国年间(公元 976~984 年)有十八万户,神宗元丰年间(公元 1078~1085 年)有二十三万五千户,徽宗崇宁年间(公元 1102~1106 年)有二十六万户。据《宋史·地理志》载:"开封府,崇宁,户二十六万一千一百一十七,口四十四万二千九百四十。"宋朝的人口,是男丁数,二十岁为丁,六十岁为老,妇女不计,所以每户平均不及二人。如每户平均以四五人计算，实际人口当在一百万到一百三十万。又畿内常驻禁军十五万人，宋末达到四十万人，即东京人口最多时有一百四十万到一百七十万人。

东京人口的阶级构成，除了少数的皇族官宦外，主要是市民。市民包括商人、士人、工匠、仆佣、僧道、兵士、妓女等。皇族官宦是剥削阶级，官宦又有私营商业。大商人也和官僚勾结，可以捐资为官，称为"员外"。大僧人也常是地主。城市中还有流民无产者，就是《水浒传》中所说的"泼皮"。外国人有大食人（今阿拉伯一带）与犹太人等。

东京不但是全国政治经济中心，也是文化中心。太学是全国的最高学府，崇宁间最盛时有学生三万八千人。太学以外还有国子学、四门学、武学、律学、画学、算学、医学等学校，培养各种人才。三馆（昭文馆、史馆、集贤院）藏书八万卷，可见文化的发达。

市民的宗教信仰主要是佛教，佛寺有相国寺、上方寺、开宝寺、天王寺、天清寺、国相寺等五十余处。道教的道观有朝元万寿宫、佑圣观、玉仙观、建隆观、会仙观、祥源观等二十余处。其他祠、庙、庵、院等有六十处。宋皇室则信道教，每年正月十五日宋帝到五岳观（即会灵观）朝拜，又旧封丘门内有祆庙，则祆教（即波斯之拜火教）也有流行。

东京是一个大消费城市，每年漕运粮食六百万石。此外水陆上供金帛缗钱二十三万一千余贯，两端珠宝香药二十七万五千余斤。这都是宋皇朝向人民榨取的财富。宋皇室、贵族、官僚、大商人靠榨取劳动人民的血汗钱，过着骄奢淫乐的生活，全城各街巷到处有酒楼、茶坊，最盛处有夜市。还有瓦子如戏剧、说书、民间杂技等，这是东京城新产生的娱乐场所，宋以前没有，南渡后传到杭州，也称瓦社、瓦市。它常与酒楼、妓馆相接近，大概也是坊里制破坏后的产物。东京的瓦子有旧曹门外的宋家桥瓦子，梁门外的州西瓦子等。全城有大酒楼七十二处，著名的有仁和店、会仙楼等。刘子翚诗："梁园歌舞足风流，美酒如刀解断愁。忆得少年多乐事，夜深灯火上樊楼。"樊楼是指当时的名酒楼丰乐楼。

《东京梦华录》详载北宋末东京的娱乐生活及四时游观之胜，现在录其序言的一段："辇毂之下，太平日久，人物繁阜，垂髫之童，但习鼓舞，班白之老，不识干戈，时节相次，各有观赏。灯宵月夕，雪际花时，乞巧登高，教池游苑。举目则青楼画阁，绣户珠帘，雕车竞驻于天衢，宝马争驰于御路，金翠耀目，罗绮飘香。新声巧笑于柳陌花街，按管调弦于茶坊酒肆。八荒争凑，万国咸通。集四海之珍奇，皆归市易。会寰区之异味，悉在庖厨。花光满路，何限春游，箫鼓喧空，几家夜宴。伎巧则惊人耳目，侈奢则长人精神。瞻天表则无夕教池，拜郊孟享。频观公主下降，皇子纳妃。修造则创建明堂，冶铸则立成鼎鼐。观妓籍则府曹衙罢，内省宴回；看变化则举子唱名，武人换授……"这种腐朽糜烂穷奢极侈的生活，必然引起外患和劳动人民的反抗。封建王朝必然走向死亡。

宋朝中叶以后，外有西夏、辽、金的外患，国内则农民在专制统治的压榨下纷纷起义，统治阶级对外屈服，对内镇压，东京的宋朝廷和有闲阶级过着腐朽享乐的生活，并以"与民同乐"为辞,来欺骗麻醉人民。南渡以后,还把这种"东京生活方式"带到杭州。《东京梦华录》的作者是个官僚地主阶级,他于北宋亡后逃往杭州,以他的思想感情,追忆了昔日东京的"繁华"。实际上东京也决不是像他那样描写的。神宗熙宁七年(公元 1074 年)郑侠监上安门,正值旱灾,他见流民饥迫愁苦,居民糜粥不继,仍负揭木瓦以偿官府,他就绘了一幅《流民图》,就是一个很好的例子。

5．名胜古迹

东京有一千多年的历史。宋承五代之后,建都于此,所以名胜古迹很多。因为地势平坦,所以缺少天然山水之胜,它的名胜都是人工的。综合起来,可以分为三类:

一类是皇室的宫殿,除大内诸宫殿苑囿外,有寿圣宫、龙德宫、延福宫、景灵宫等别宫。

一类是贵族官僚的园囿,不下百余,著名的如玉津园、芳林园、下松园、药梁园、养种园、一丈佛园、马季良园、孟景初园、奉灵园、灵禧园、同乐园等,大部分在近郊。

一类是寺、观、庵、庙、祠、堂等,都散布在内城外城。

前面两类是少数统治阶级所有,只有第三类是市民游观之所。现在举出有历史意义的一些名胜古迹。

艮岳,一称万岁山,在里城东北隅,是人造丘陵。徽宗时筑,周十余里,高九十步。上建亭台楼阁,下掘池沼。金兵入汴,艮岳被毁,仅存一阜,今故址无存。因为建筑艮岳,宰相蔡京命朱勔到江、浙等地觅取奇花异石,叫做花石纲。居民不堪其扰,遂引起方腊的起义。

相国寺,在里城南部,北齐天保六年(公元555年)建,名建国寺,唐睿宗重建,改名相国寺,是东京最古而极其宏大壮丽的佛寺,面积有540亩之多。寺内的殿庑楼亭以及雕塑壁画极精致,都是唐宋大画家的手笔。各殿有金铜铸罗汉五百尊与佛牙等。相国寺又是市期市场,每月开放五次。

开宝寺,在安远门内夷山上,旧名独居寺,北齐天保十年(公元559年)建,宋太祖开宝三年(公元970年)改名开宝寺。太宗端拱二年(公元989年),在此建灵威塔,当时是一座木塔,仁宗庆历四年(公元1044年)毁于火,皇祐元年(公元1049年)为名木工喻浩重建,用七色玻璃建成,高十三层,称琉璃塔,为我国有数的建筑。宋末塔寺都毁于金兵(据史料,应为寺毁塔存——编者),今塔是明洪武十六年(公元1383年)重建(应为重修,而不是重建——编者)。

繁台,即古吹台,在外城东南部,真宗时于此建碧霞元君庙,俗呼二姑台。天清寺在繁台旁,太祖太平兴国二年(公元977年)建,寺塔名兴慈塔,一呼繁塔(繁读婆)。

朝元万寿宫,在里城西南部浚仪桥北,徽宗宣和元年(公元1119年)建,为东京最大的道观。后毁于金兵,元世祖时改为延庆观。

金明池,在新郑门外,为宋初练习水战的地方,徽宗时建宫殿于此。其南有琼林苑,为宴进士处,皆毁于金兵。

青城有二:一南青城即天坛,在南薰门外;一北青城即地坛,在封丘门外。靖康末,金驻兵青城攻朝阳门,徽、钦二帝至青城求和,就是南青城。

上源驿,即都亭驿,在里城州桥西大街,为待辽使之所。李克用引军救朱全忠,全忠宴之于上源驿,乘夜掩袭克用即此。

宋代史迹保留至今的,有宋大内(今龙亭)、铁塔、相国寺、吹台、繁塔。但除繁塔(和铁塔——编者)外,都不是宋代原有的建筑了。

第二章 衰落时期

公元1127年金灭北宋，称开封为汴京，后改南京，金末年曾都此。元设南京路，后改汴梁路。明清皆设开封府，辛亥革命后废府改祥符县为开封县，先后为河南省会。开封自金以后，只是一个地方政治经济的中心，不复有全国的意义。这是开封的衰落时期。

一 黄河泛滥对开封衰落的影响

北宋亡后，开封被破坏，居民流亡，中国政治中心南移。金虽曾都汴京，但因农村经济残破，开封也没有什么发展可言。自元到明、清，以北京为首都，也是漕运的中心，开封的政治经济地位就衰落了。促使开封衰落的自然原因，是黄河的泛滥迁徙，破坏了汴河水系，变坏了自然环境，这是不可忽略的。

开封古不近黄河，金明昌五年（公元1194年）河决阳武，改道历延津、封丘、长垣入山东境，注梁山泺，分为二支，北支由北清河（古济水）入海，南支由南清河（古泗水）入淮。黄河流经开封城北四十里。明太祖洪武二十四年（公元1391年）河决阳武，改道南流，经开封城北五里，南行经项城、颍州，循颍水入淮。正统十三年（公元1448年）河决荥阳，改道东南流，经开封城西南，经陈州、项城、亳州入涡河，于是开封在黄河北岸。孝宗弘治六年（公元1493年）河决黄陵岗，改道东流，经兰封、考城、归德、徐州入淮，即今日的淤黄河，河道在开封城北二十里。清咸丰五年（公元1855年）河决兰封铜瓦箱，下游夺大清河入海，即今日的黄河，而开封一段仍是以前的河道。

黄河从西部高原出华北大平原，它的迁徙起点，在华北平原三角地区的尖端。但12世纪以前，主要泛滥于华北大平原的北部，迁徙起点在开封以北，所以对开封影响不大。在自然条件上，北部河流受多次的泛滥，河床淤淀，黄河势必南徙。金人侵宋，利用黄河南行，遂开黄河夺淮的新局面。12世纪以后，开封附近成为黄河迁徙的起点，开封从此多河患了。

据《开封府志》和《祥符县志》所载，从金明昌五年（公元1194年）到清光绪十三年（公元1887年）七百年间，黄河在开封附近泛滥决口达五十四次，最多时每年泛滥一次，最少时也隔十年泛滥一次。有四次侵入开封城内：明太祖洪武二十年（公元1387年）夏六月，河决开封城，水自北门入，淹没官民屋舍甚多。明英宗天顺五年（公元1461年）七月，河决，冲入开封，水深丈余，官民舍宇都没。明思宗崇祯十五年（公元1642年）李自成起义军围攻开封六个月，官军掘开开封城西北十七里的朱家寨，引黄河水灌起义军。满城皆水，只有钟鼓二楼和各王府露出屋脊，居民淹死的十之七八。这是黄河对开封城破坏最厉害的一次。河水入涡河,次年河复故道。清道光二十一年(公元1841年)六月,河决祥符三十一堡,水侵入城内,全城水深丈余,庐舍尽没,人都露居城上,淹死的极多。后来水愈大,人民骇震,官方拆孝严寺、铁塔寺、较场、贡院等建筑的砖瓦堵塞,但城浸久,塌动常逾数十丈。幸群众万余人,将草、箔、秫秆、布袋、蒲包等物竭力堵塞,城才获全。当时因黄河决口未塞,有迁省之议。次年正月堵口,河复故道。

　　以上四次是黄河对开封的直接破坏,其余五十次泛滥于开封附近,影响也是很大的。河水泛滥经常破坏乡村农田,生命财产丧失,如明永乐八年(公元1410年)五月至八月河决,淹没农田七千五百余顷,被患的一万四千一百余户。天顺二年(公元1458年)河决祥符等县,淹没农田一千六百三十二顷。有时还淤塞河道,破坏航运。如元至元二十七年(公元1290年)河决开封唐义湾,汴河及汴堤都淤塞,而汴河入蔡,蔡水源流亦塞,不能通淮、泗。清道光二十三年(公元1843年)河决中牟,溢入朱仙镇,淤塞了贾鲁河,商贾舟楫不通。

　　黄河泛滥对开封最严重的影响,是改变了地理景观。黄河在开封四周多次泛滥改道的结果,汴、蔡、五丈、金水各河及蓬池、沙海各泽,自金以后都被淤没了,开封成为不通航运的城市。黄河河堤高出城内平地40公尺,水行地面。近郊造成沙丘,城内盐碱土发育,开封城成为一个人为盆地。河湖破坏,造成沙荒,林木也破坏了,影响了气候,加深水旱自然灾害。春季刮风时,黄沙蔽日,宛如沙漠景象。

自金以后,黄河的泛滥破坏了开封城市,变坏了自然环境,这对开封经济的衰落,有一定的影响。

二 金元的南京和明清的开封府

1. 金南京开封府

金自宋靖康二年(公元1127年)灭北宋,称开封为汴京。金贞元元年(公元1153年)海陵王自上京会宁府(今黑龙江阿城县东南白城)迁都燕京,称为中都大定府,而称汴京为南京开封府,与北京大定府(今内蒙古老哈河上游的大定城)、东京辽阳府、西京大同府合称五京。

宋乾道五年(金大定九年,公元1169年)楼钥的《北行日录》述及当时开封的情况:"城外人物极疏稀……城里亦雕残,街南有圣仓屋甚多,望见婆台寺塔,云城破之所,街北望见景德、开宝寺二塔并七宝阁寺。上清储宫颓毁已甚……又有栾将军庙,颓垣满目,皆大家遗迹……由北门入,尤壮丽华好……相国寺如故,每月亦以三八日开寺。(按《使燕日录》载:'相国寺成劫灰,止存佛殿一区。')……过州桥,有文武桥,此京城闤闠骈阗之最,今荒墟矣……大内以遗失殆尽,新造亦如旧制,而基址并州桥稍遗向东……北郊方坛在路西,青城在路东,西南中开三门,左右开掖门,西开一门以通坛,皆荒墟也。北门外人烟比南门外稍盛……"可见开封宋代的许多建筑和主要商业区都已破坏了。

开封自被金攻陷后,城市破坏,居民流亡。同时农村经济残破,开封城市也没有发展的可能。金对于南京开封府的建设,只是整修了城垣,重建宫殿,并扩大皇城。此外修复了些佛寺。固然不能恢复宋代的旧观,后又遭蒙古的破坏,所以史迹留下来的很少了。金在开封遗留下来的遗物有女真文金进士题名碑,是我国珍贵的文化遗物之一(今保存于开封图书馆内)。

金宣宗贞祐三年(公元1215年)避蒙古南下迁都南京开封府,至哀宗天兴二年(公元1233年)蒙古大将速不台攻城,驻兵青城,南京开封府城坚不能下,而金将崔立以城降。金建都南京计二十年。

2. 元汴梁路

蒙古灭金,于开封置南京路,后改汴梁路,治祥符、开封两县,汴梁之名始于此。元世祖至元二十八年(公元1291年)置河南江北行省,以汴梁为省会。开封成为地方政治中心城市。

自金以来,黄河泛滥破坏了汴河水运。金、元统治者入据中原后,大肆屠杀人民,并圈占土地作为牧场,农村经济残破,开封城市也衰落了。元世祖至元间,为了防止汉族人民的反抗,拆毁各地的城池,开封外城拆毁了,内城也仅余土址,城市范围也缩小了。元代开封对外运输,水路只有贾鲁河,这也影响经济的恢复与发展。

意大利人马可波罗于公元1275年前后曾至开封,他在游记中对开封作这样的描述:"南京省……极其繁盛富裕,人民以经商手艺为生,出产丝甚多……各种谷类和所有养生必需品皆甚富裕。说起来,真是一个富裕的省份……那省有许多富商,大可汗从他们收进许多贡物及赋税。"这些记载,多少还可以看到当时开封的一般经济情况。

元代开封的居民中有信伊斯兰教的回民和信挑筋教的犹太族。据《元史·世祖本纪》载:"至元十八年(公元1281年)七月癸子,括回回炮手散居他郡者,悉令赴南京屯田。"按回回炮手,指元的回回军,他们初到开封从事农业,今城西北十余里还有地名回回寨,以后逐渐进入城市,经营工商业,成为开封市民的一部分。

犹太族信一赐乐业教(犹太教),因教义食牛羊肉必去其筋,所以俗称挑筋教。据明弘治二年(公元1489年)的挑筋教碑(碑名"重建清真寺记")的记载,他们是金时到开封的。犹太族和回族同来自西域,关系融洽,有时互通婚姻,所以两教所建的寺都叫清真寺。伊斯兰教徒诵经时戴白帽,挑筋教徒诵经时戴青帽,所以犹太族又称青回回。挑筋教遗留下来的除明弘治二年的"重建清真寺记"碑外,还有明正统七年(公元1442年)的"尊崇道经寺记"碑,现存开封行宫角圣公会教堂前,是我国珍贵的宗教遗物之一。

元末农民大起义,至正十八年(公元1358年)起义军刘福通曾据汴梁迎小明王韩林儿入居,定为宋国的国都,次年被元军攻击退出。明洪武元年(公元1368年)朱元璋遣徐达北伐,取汴梁。开封自迭经战乱,宋代遗留下来的建筑所存极少了。

3．明开封府

朱元璋遣徐达北伐取汴梁时，朱元璋也曾到此。后来明定都金陵，所以称金陵是南京应天府，汴梁为北宋开封府。开封府治祥符县，前开封县并入祥符，河南布政使司驻此。洪武十一年（公元1378年）朱元璋封第五子朱橚为周王，驻开封。

明开封城分内外二城，外城为土城，周四十八里二百二十三步，只有基址，有门不修，用土填塞，以备防河患。后来清道光二十一年（1841年）黄河泛滥被淤塞。内城为砖城，洪武九年（公元1376年）重筑，它的规模即今日开封城的前身。城周二十里一百九十步，辟为五门，城门名都是沿袭历史名称。西门外另筑瓮城一座，连关带城形如卧牛，有卧牛城之称。环城海壕，五门外跨壕都有板桥，俗名活吊桥。城内汴河则仅存遗迹了。《汴京遗迹志》载："今省城延庆观前有小砖桥，汴渠故迹微存，俗名臭河儿。"全城分为八坊：大宁坊（南门内街东）、永安坊、宣平坊（仁和门内）、安业坊（南至第五巷，北至鼓楼东北）、新昌坊（大梁门内城隍街南）、崇仁坊、惠和坊（土市子街东北）、广福坊（安远门内街东）。

洪武十一年（公元1378年）在宋大内旧址建周王府，周围萧墙九里十三步，辟有四门。在王宫后堆山建亭，为游观所，地点即今日的龙亭。

开封城的地理特征，明代有两句成语叫"三山不显，五门不对"。《如梦录》载:"土街为一山,爪儿隅头为一山,夷山为一山,谓之三山不显。"土街在今北土街口,即宋代的土市子。爪儿隅头在今西门大街。夷山即夷门山,传说铁塔建筑在夷山上。这就说明开封地势平坦,山只是有名无实。又《如梦录》载:"东门偏北,宋门偏南,南门偏西,西门正直,北门偏东,谓之五门不对。"这和它的城市结构有关,说明开封城市的规模继承宋代,属于国都的甲种类型。周王府在城内中央偏北,正门直对南门,街道不能穿王府而过,所以北门偏东。东壁和西壁的城门,不如宋东京时完整,所以也不对称。这五门的位置支配了街道的分布形态,城内主要街道有四条路线,其他街巷从四条路线分支纵横分布,大体作方格状,和今日无异。城市建筑物以周王府最壮丽,其次如各王府、官署、文庙、贡院、钟楼、鼓楼、相国寺、铁塔寺等,构成封建的城市景观。

明代开封为封建王族、官僚、地主聚居的地方,人口达三十七万,本质上是一个封建消费城市,城市经济比金、元时发达。这和明代河南农业的发达有密切关系。

明统一中国,北方农民从蒙古统治下获得解放。明太祖对农业采取一些扶助政策,如兴水利、减租税、发给种子等。河南长满牧草的蒙古人牧场及因战争而荒芜的田地,重新栽植了谷物,农业生产获得了恢复与发展。但土地集中达到极点,河南省土地一大半集中在封建领主诸王族手中,一小半集中在官僚地主手中。汪价《中州杂俎》载:"明季,河南诸藩最横,汴城即有七十二家,田产子女尽入公室,民怨已极。"又载："中州地半入藩府。"河南农业的发展，也促使开封的发展超过金、元时代，住在开封的王族榨取全省农民的果实，过他们寄生享乐的生活，造成了开封畸形的繁荣。正是《如梦录》所称的"锦绣中原"、"繁华胜景"。崇祯十四、十五年（1641～1642年）李自成围攻开封之役，城市的官僚地主阶级和商人也顽强地抵抗，但在河南广大的农民军压力之下，虽无决河之事，也终免不了溃亡的。

明代开封是一个消费城市。表现在工商业上的特点是：商业主要供本城消费，一般商业是生活日用品和奢侈品的交易。市内的酒馆、妓院也是最热闹的处所。河南的农矿产品如郑州、辉县、光州、固始的米，河南（洛阳）、陕州的石炭，各地的粮食柴草，都集中在此，供本城的消费。由于本城的消费和附近农村的需要也发展了各种手工业，主要的手工业品有衣服、棉布、丝绸、铁器、酒酱等食品及皮革制品等。繁盛的市里在城的中部。五关厢为各种农产品汇集的地方。西关外的瓮城也开为五门，城内也有市里。

明代开封对外交通以陆路为主。《如梦录》载："曹门通兰阳（今兰封），宋门通陈留，南门通尉氏、通许，西门通中牟，北门通延津，谓之五门六路，八省通衢。"这五条路的延长，可通至山东、江南、直隶、陕西、湖广各地。对外水运只有贾鲁河，航运终点在开封城西南四十五里的朱仙镇，为开封的外港。朱仙镇明末清初最盛，称我国四大镇之一。

明代开封主要的名胜古迹有这些地方：

相国寺，洪武间重建，成化二十年（公元1484年）更名崇法寺,崇祯十五年(公元1642年)为河水淤没。

铁塔寺,即宋上方寺,洪武十六年(公元1383年)重建,并修理铁塔,天顺间更名佑国寺,明末水患,寺废塔存。

国相寺,即天清寺,洪武十七年(公元1384年)改建,俗呼繁塔寺。繁塔本九级,明太祖拆去六级,仅存三级,即今日保存的繁塔。

禹王台,即吹台,宋二姑台,弘治间改为碧霞元君祠,后又改为禹王府,祀大禹并分祀历代治水有功的二十九人,这和明代开封多水患有关系。

延庆观,在浚仪桥北,宋朝元万寿宫,为金兵所毁,元至元间改为延庆观,明代重修,是开封最大的道观。

钟楼、鼓楼,都是明代建筑,钟楼在新昌坊,于清康熙间拆毁,鼓楼在安业坊。

此外,挑筋教礼拜寺在曹门内挑筋胡同(今称教经胡同),回民礼拜寺在西华门外,都是少数民族的宗教信仰地。

4. 清开封府

明崇祯十五年(公元1642年)李自成攻开封,官军决黄河水淹起义军,水灌入城中,全城屋宇全毁。低洼地日久积水成湖,如今日龙亭前的潘家湖和杨家湖及城西南的徐府坑,即由此形成的。开封原有人口三十七万,水后只留下三万。这是开封第二次大破坏。

清军入关,进占河南,仍设开封府,治祥符县,省会仍在此。康熙元年(公元1662年)重修开封城,城垣城门,一如明制。自明崇祯十五年水淹后,官署都移外县,现迁回省会,居民也回集城郊。康熙五十七年(公元1718年)为了镇压汉族人民,于周王府遗址北,建筑满洲城,俗呼里城,作正方形,周五里一百九十二步,辟东西南三门,驻防满洲八旗和蒙古左右二旗旗兵。从此开封少数民族除回族、犹太族外,又增加了满洲、蒙古两族。

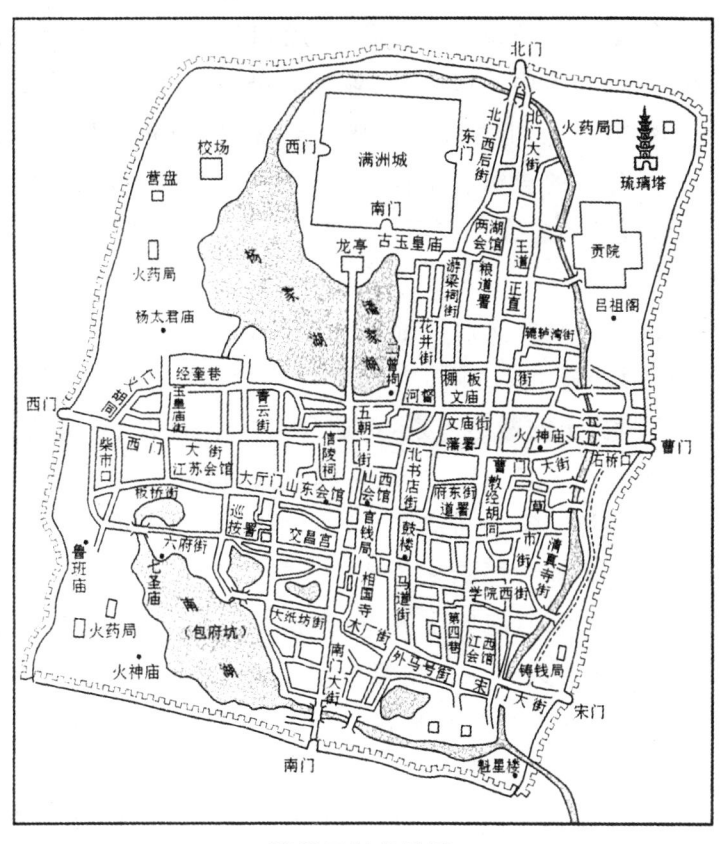

清朝开封府城图

清康熙以后,开封逐渐恢复,市街规模仍沿明代,但范围比前缩小,城内四隅为湖泊及隙地,五门厢关也零落了,西门的瓮城也没有恢复。

清代开封仍是河南省政治经济中心。本质上仍是一个封建的消费城市,但本城的消费量不及明代,交易以豫东、豫北各地农村为主,而以农产物的集散和布匹、日用品等贸易为大。手工业以汴绸、汴绫著名,远销外省,其次则为烧制盐、碱、硝等。清中叶以来,商业操在外省人手中,其中以山西商人势力最大,设立票号,掌握金融权,南省各地商人次之。开封各省的会馆有山西、山东、两湖、江苏、江西、浙江、两广等,可见各省商人来河南之多。总的经济情况是比明代退步了。

清代开封对外交通以陆路为主,自开封北经卫辉、彰德至北京,西经郑州、洛阳、陕州至西安,南经许州、信阳至汉口,东经归德至安徽达南京,都通驿道。水路以贾鲁河为主。自朱仙镇经周家口由淮河、运河和镇江通贸易。此外黄河水运可上达孟津下至徐州清江浦,而以城东九十里的龙门口为大码头,但航行困难,运输价值不大。

朱仙镇在城西南四十五里,是历史上的名地,南宋岳飞北伐,曾大破金兵于此。汴河淤塞后,开封通外水路只有贾鲁河一线,朱仙镇适当贾鲁河航运终点,因此逐渐繁荣。清乾、嘉以前市街南北长十二里,东西阔五里,分东西二镇,商业繁盛。所谓"东南食货,西北山产,江南竹瓷,悉以朱仙镇为汇集地"。当时人口达二十余万,乾隆以后逐渐衰落,至光绪三十二年（公元1906年）只有一万五千人了。朱仙镇衰落原因之一，是黄河泛滥与贾鲁河的淤塞。雍正元年（公元1723年）河决中牟十里店，由贾鲁河南下，漫溢朱仙镇，房屋多被破坏。九月河决中牟杨桥，朱仙镇复被水患，贾鲁河淤塞，影响商业。道光二十三年（公元1843年）河决中牟，贾鲁河改经镇西，商业繁盛的东镇受水患最甚，朱仙镇精华损失殆尽。光绪十三年（公元1887年）河决郑州石桥，贾鲁河被淤塞，航行困难。光绪二十六年（公元1900年）河被沙填，舟楫完全不通了。朱仙镇等于开封的外港，但是它也有自己的职能，就是它是淮河流域、长江下游与西北物资交流的水陆转运站。贾鲁河淤塞后，周家口代之而兴，开封对东南的贸易往来改为周家口，当然不及朱仙镇便利了。

雍正时起，贾鲁河常被淤塞，因水流不畅，亢旱枯竭，淫雨泛滥，不但影响商业，而且影响农业。乾隆四年（公元1739年）夏秋大雨，开、归、陈六十余州县都受水患，开封城内水积月不退。乃另修惠济河，道光二十一年（公元1841年）被黄河泛滥淤塞，以后虽常加修浚，但它对开封的对外航运没有起什么作用。

开封的名胜古迹，当时遗留下来的有铁塔、相国寺、繁塔、禹王台、鼓楼、延庆寺等，新建的有万寿宫即龙亭。

铁塔寺，明末水患寺毁塔存，清顺治二年（公元1645年）重建。乾隆十五年（公元1750年）乾隆到开封，以此为行宫，又大加修建，改名为甘露寺。道光二十一年（公元1841年）黄河水患，市民拆取砖瓦护城，寺屋全毁。

相国寺即明崇法寺，也于明末水患毁坏。康熙十年（公元1671年）重修。顺治十八年（公元1661年）仍名相国寺，乾隆三十一年（公元1766年）又大加修建，有大殿、藏经楼、御碑亭等修建。寺西别院称祇园小筑，园中假山相传是花石纲故物。相国寺是开封最大的佛寺，又是市民娱乐处所和市场。

国相寺乃明国相、天清、白云三寺，明末都毁坏。康熙二年（公元1663年）重修，并为国相寺。

禹王台即明禹王庙，康熙三十三年（公元1694年）、乾隆十四年（公元1749年）先后修建，题名古吹台，内祀大禹。门前置有木制抽水器，俗传是大禹治水器，实即《农政全书》的龙尾车。

鼓楼是明代建筑，康熙二十八年（公元1689年）、光绪七年（公元1881年）先后修建，高3丈，楼门题额"声震天中"。解放战争时损坏，现仅存基层。

延庆观也于明末水患时破坏，康熙七年（公元1668年）重修。道光二十一年（公元1841年）河水入城，因地势低洼，又遭破坏，道光二十七年（公元1847年）又重修，有八瓣琉璃塔，是半阁半塔式的建筑物。

龙亭在周王府，明末水患，王府屋宇全毁。顺治十六年（公元1659年）于其地置贡院，雍正九年（公元1731年）因地势低下卑湿，移贡院于城东北隅（今开封师范学院）。雍正十二年（公元1734年）其地建万寿宫，俗呼龙亭，正殿在煤山旧址，高三丈六尺，石阶七十二级，金碧辉煌，与铁塔同为开封最壮丽的建筑物。由前院向南历长堤至午朝门,堤东有潘湖,堤西有杨湖,传说是潘美与杨业的故宅。午朝门口有石狮一对,相传是北宋遗物。

清咸、同间,太平天国和捻军的武力都到过开封。太平天国与捻军失败后,清政府为奖励他的走狗,于同治七年(公元1868年)建僧忠亲王祠祀被捻军杀死的僧格林沁。光绪十一年(公元1885年)建二曾祠祀汉奸刽子手曾国藩、曾国荃兄弟。二曾祠在龙亭旁,现已成为开封图书馆。

从以上叙述来看,金、元、明、清的开封,比较前代,自然环境变坏,城市也衰落了。虽然还保留着地方政治经济中心的地位,但是经济发展迟缓,清代比明代还有退步的趋势。主要的原因,决定于长期封建社会河南地方经济的停滞;同时,战争的破坏、黄河的泛滥、汴河的淤塞,也有很大的影响。

三 半封建半殖民地性城市时的开封

开封在清朝末年,由封建城市转向半封建半殖民地城市发展。1912年辛亥革命后,次年二月废开封府建置,改祥符县为开封县,仍为河南省会。抗日战争时期1938年6月被日本帝国主义侵占,在此设伪开封市。1945年抗战胜利后,河南省会仍设于此。1948年人民解放战争中获得解放。

开封近代发展的转折点是在公元1907年铁路开通以后。19世纪末和20世纪初,帝国主义国家为了掠夺资源、倾销商品和巩固势力范围,同时结合了清朝政府镇压民族革命继续统治全国的要求,在华北大量铺设铁路,这些铁路是以外国间接投资的方式兴建的。光绪三十一年(公元1905年)比、法投资的卢汉铁路(卢沟桥——汉口)通车,光绪三十三年(公元1907年)比、法投资的汴洛铁路(开封——洛阳)通车,使开封成为帝国主义在豫东销售商品和收购原料的据点。1914年后汴洛铁路扩展为陇海铁路,东达徐州与津浦铁路相连接,加深了经济上的掠夺作用。因此,一方面改变了农村的自给自足经济,一方面也促进了农产品的商品化,豫东的棉花和开封附近的花生栽培,就是在这个基础上发展起来的。

反动统治者从清政府起经北洋军阀到国民党反动政府,始终以开封为镇压和剥削河南人民的根据地。他们为了自身的利益联合官僚资本,从清朝末年起也建设了兵工厂和电气、织布等工业。第一次世界大战期间,随着全国民族资本的抬头,一些商业资本家筹建了火柴、面粉、小型铁工厂等工业,这是开封工业的开端。

开封现代工业是从清朝维持它的没落政权的洋务运动开始的,最初的现代工业是1905年官办的机器局与铜元局。铁路通车后,官僚资本和商业资本继续开设了电气工厂和三家火柴工厂。在第一次世界大战以后,随着民族资本的抬头,又建立了面粉、榨油、蛋品、烟草等轻工业以及小型铁工厂,而以面粉工厂规模较大,其中天丰面粉公司日产面粉2000袋,德丰面粉公司日产面粉9000袋,与郑州、安阳的纱厂同为河南两大轻工业。至于铁工厂则是非常薄弱的（据1928年统计开封有小规模铁工厂14家）。从清末以来，如织布、针织、砖瓦、印刷、肥皂、制革等半机械半手工业工厂也有设立。

开封自铁路通车后，豫东农产品集中在此外运，外来的日用生活品由此输往农村，并促使本城原有的手工业有一定的发展。洋广杂货、砂糖、盐、棉布、纸张等自汉口、天津、上海等地输入，大部分供本市消费。小麦、芝麻、高粱、小米、花生、汴绸、牛皮、羊毛、蛋品等向天津、汉口、青岛等地输出。主要集散商品为汴绸、盐碱、花生等。

开封丝织业有一千多年的历史，产品有汴绫、汴绸、汴绣等。清末民初最发达，以后逐渐衰落，1915年间年产约7000匹，1935年间减至5000匹，销售山东、河北、山西等省。

烧制盐碱明代已有，产于城内四隅盐碱地，以西北部盐碱地面积最广，城西南隅、东南隅次之，面积共占全城面积的15%，全城盐户约有八百户，年产盐约六万担，主要供本市消费，外销许、苑诸县，还销售到河北、山西、湖北、江苏等省，后受洋碱的排斥，产量日减。硝是熬盐所得，归官硝局收购。

花生是本省新兴的商品，主要生产在豫东黄河南岸的沙土地带。1931～1935年最盛时年产达45300万斤，集散于开封，大部分运往广州、上海、青岛，一部分输出南洋、印度、日本。

附近物产集中于开封的还有牛皮年约10万斤,山羊皮年约5万～6万斤,羊毛约6万斤,棉花约5万斤,一部分供本市制造毡帽、皮革及织布之用,一部分输出。经常有英、日诸国商人在此收购,市场价格也操纵在外商手中。

开封是豫东物资集散地,又是一个人口20余万的消费城市,所以商业也比较发达。吴世勋著《河南》述及1926年间开封城市商业的情况是:本城商务之盛,甲于全省,然多舶来奢侈品,消耗多而输出少。商人多来自外省,亦本省一大漏卮。以商货区之,市糶米谷者曰坊子,曰粮行,在东门及南门内,以小麦为盛。牲畜市在宋门及南门瓮城中,贸易不盛。绸缎布匹、洋广杂货多在马道街、鼓楼街及土街。书籍、纸墨、文具等多在书店街,北书店街尤多,土街亦多纸店,杏花园制造毛笔。古玩书画店多在土街及南书店街。箱柜多在河道街。旧衣店多在徐府街。裘葛店多在东西大街。旧式杂器店多在老府门街。海味店多在东西大街及河道街。宋门外有花生行。鱼市口多鸡鱼……这些情况说明开封是一个半封建半殖民地性的消费城市。至于某种行业汇集于某一条街,这是过去遗留下来的,与行会制度有关。

开封对外交通以陇海铁路为主。1907年初通车时为汴洛铁路,1914年后改为陇海铁路向东延至徐州,1930年西通至西安,这是开封对外交通的唯一路线。日本帝国主义侵占时期为了军事运输的目的,于1939年修建开新铁路,自开封南关起绕西城北过黄河滩到新乡小冀,长130公里,抗日战争胜利后拆去。

开封自1918年后对外县修筑公路，1931年间有开郑（开封——郑州）、开许（开封——许昌）、开周（开封——周口）、开项（开封——项城）、开菏（开封——菏泽）、开道（开封——道口）诸线，但不能经常通车。

黄河水运之利不大。渡口以城北十八里的柳园口为重要，为本城通封丘、道口的大道所经过。市内交通专恃人力车，城乡交通以太平车（兽力铁轮车）为主。

由于开封是反动统治的一个政治中心，帝国主义商品销售站之一，又是一个消费城市和附近农产品的集散地，所以表面上商业也相当繁盛。文化和市政建设，在主要服从统治阶级的利益下表面上也稍有改进。这样开封在解放前还是河南省第一个大城市，开封在这一历史时期，虽不能和典型的半殖民地城市如上海、天津、汉口等地相比，而本质上都是建筑在反动统治的剥削和帝国主义经济侵略的基础之上。

开封自金以后，自然环境的破坏日益加剧，在解放前，近郊树木完全砍伐，景象单调，春季风沙大起时，天日为暗。1923年康有为游开封，登龙亭曾题词作诗云："东京梦华销尽，徒叹城郭犹是，人民已非。　中天台观高寒，但见白日悠悠，黄河滚滚。""远观高寒俛汴州，铁塔繁台与云浮，万家无树无宫阙，但见黄河滚滚流。"这是对开封自然景色的恰切描写。1910年地理学家张相文游开封，发表他的感想说："开封城外，平衍无山，所谓陈留之郊，四通八达之冲也。自屡经河患，而古代川流皆填塞无余。白气茫茫，遥望之无异沙漠。而森林亦复鲜少，防风防沙之用缺焉。长此不变，数十年后将不知成何景象矣。虽然是亦无虑焉。天地奥区,所以供人类之生活也,况河南之气候和煦,风雨以时,地沃而燥,尤为人类生息最适宜者乎?我人利用之则主权在我,凡梁园之瑰丽,宛洛之富饶,皆足发吾人祖先之光荣,储吾人种族之库藏也。否则,必有人焉,出而为吾人种树,出而为吾人开河,出而为东亚大陆开一新天地者,岂颟顸焉忍而与之终古哉。"作者的想法只有在人民取得政权的今天才能实现。

在反动统治下,开封环境恶劣,也必然是疾病流行的城市。1919年时经训著的《河南地志》曾有这样的记载:"开封……周城数十里,黄沙环壅,时助暴风飞扬为灾。城内多荒冢,殃及井泉,无河流涤荡污秽,积潦无宣泄处,且无树木调和空气。兼之居民素缺公共卫生知识,致每年患疫病死者百分之七。其未死者,多患肺痨痢疾等症。"又据另一记载,1941年夏天,霍乱流行全市,半个月内死了8000多人。

黄河对开封的威胁也不比前代减轻。1933年8月3日夜,黑岗口水位陡涨,达6~7尺,顷刻有决口的危险,经过日夜抢护,才免溃决。到9~10两日,黑岗口因受上游水涨的影响,复行高涨,开封全市惊惶。后因兰封甄村漫溢,河水顺故道而下,开封才免于难。惠济河年久未修,河道淤塞,1921年夏秋大雨,豫东数十县积潦为患。1922年春夏曾着手修浚,从开封、陈留间太平岗开始疏入下游。1934年在黑岗口置虹吸管引黄河水自城西北隅水门洞入,经流城内,下入惠济河,命名黄惠河。1938年6月国民党军队扒开花园口,决黄河南泛入淮,开封的黄河干涸,惠济河也断流。

开封城市规模,从清末到国民党统治时期无大变动。1922年满洲城改为营房,1932年又改为河南体育场。1927年在南门之东辟新门,又改龙亭为中山公园,相国寺为中山市场,放宽了鼓楼街、中山路等几条街道,国民党统治时期的所谓开封市政建设,如此而已。就全市的发展看,由于陇海路车站在南门外,南关市街有了发展,把车站和开封城连接起来。车站附近,新建了一些工厂、医院、农事试验场等建筑,这是开封城市新发展的一部分。

开封人口据1910年的统计有159000人,1926年增至20万人,1931年增至246000人,日本侵略者侵占时降至20万人(内有7000日本人),抗战胜利后到解放前又回升至24万人。开封人口增长的原因,一方面由于工商业的稍有发展,一方面由于农村破产,连年灾荒,农民大量流入城市。由于出现了现代工业,开始有产业工人。大部分贫民多从事体力劳动,如人力车夫、搬运工及烧制盐碱小手工业者、小商贩等。他们多居住城内四隅及陇海路车站附近,居住茅屋,不蔽风雨,卫生条件极差,低洼地住户在雨季浸在水中的有1700多户。其中烧制盐碱者支付劳动力大,收入少,所得仅供温饱,但反动统治者并不放松对他们的剥削。盐户不堪压榨,1933年4月曾发生盐户与稽私队在西南城坡冲突的大流血事件。

开封少数民族以回族最多,1935年约有5万人,占全市人口的1/5,多居住学院后、羊市街等处,建有十个清真寺。回族多经营饮食业或作小商贩。

犹太族聚居曹门内挑筋胡同（后改教经胡同），1867年间有400人，到1910年减至200人，1934年仅余五六家，人口的减少是因为生活贫困，多往外地谋生。

满洲族、蒙古族称为旗人，居住里城，1910年间有790户，辛亥革命后，里城作为兵营，旗民散居别处。

外侨有英、美、法、日各国人，经常居住的是传教士，其他是往来的商人。他们的人数虽只有数十人（1921年有46人），但享有领事裁判权，是开封居民中的特殊阶级。

天主教在中英《南京条约》后传入，传教士多法国人。影鸿庵口有东正教（希腊教会）堂。耶稣教自1902年传入，有圣公会、内地会、浸礼会、长老会、安息会等派别，传教士多英、美人，它比天主教发展得快。

开封的学校教育创始于清朝末年，1910年间全市有学校60余所，学生2300余人，中等以上学校有高等学堂、法政学堂、中学堂、师范学堂等。1912年设立留学欧美预备学校，1922年设立中山大学，后改河南大学，为本省的最高学府。据1935年统计，全市大学一所，专科及中等学校31所，以私立学校占多数。小学190余所，学生8500人。另有图书馆、博物馆各一所，报馆七家，为本省文化的中心。

名胜古迹没有大的变化，1927年改龙亭为中山公园，改相国寺为中山市场。1928年在鼓楼顶修了一座四棱尖塔。民国初在禹王台周围开辟了农林试验场，堆丘种树，直到现在还是开封较好的风景区。二曾祠改为图书馆。宋门外有齐鲁花园，为山东籍居民经营，日本侵略者占领时被破坏。

龙亭、鼓楼在1948年6月第一次解放时被国民党反动军队所破坏,龙亭除正殿外均被毁,鼓楼仅存基层。

综上所述,自1907年以来,开封本质上是一个半封建半殖民地的城市。自清朝政府经北洋军阀至国民党反动派,统治着这个城市,使它成为河南省政治和经济的中心,但在帝国主义的经济压力之下,一切不得不依赖帝国主义,本身的经济不能获得正常的发展。帝国主义对开封并不能像对其他通商口岸来直接控制,而是通过中国统治阶级把它作为销售商品和收购原料的据点。因为没有直接投资,所以殖民地性的经济表现得并不突出。

第三章 新生时期

1948年10月开封第二次解放,设立开封市。开封县移至城东15里老虎庄的黄龙寺。市区范围以护城堤为范围,东西阔10公里,南北长16公里,面积125方公里。河南省人民政府驻此。1954年1月,省政府迁往郑州。开封专区(原名郑州专区)署由荥阳移此。解放后,社会性质起了根本变化,给开封市的发展创造了无限广阔的前途。开封的新生期到来了。

解放后九年来,在党和人民政府正确领导下,市民觉悟日益提高,社会主义建设不断发展,根本上改变了城市的性质,初步改造了自然,改变了城市的面貌。

在市政建设上,整修了市内重要街道。1956年和1957年先后开辟了西南门和小西门,便利了城内和南关工业区及西郊农业区的联系。原有的南关工业区加以扩展。并规划东关外为新工业区。城市新建房屋不断出现。从1953～1957年已竣工33万方公尺,其中住宅区85000方公尺。

在改造自然方面,解放初期人民政府即发动群众开掘黄惠河、惠济河及市内东西支河。修筑了西南湖、潘杨两湖大堤,避免了积水。1953年在黑岗口建筑虹吸管工程,引黄河水自利汴闸引入城内,把城内几个湖连接起来,至宋门济良闸出城,下接惠济河,木船可以通航。城内因淤水变成活水,土壤逐渐改良,湖岸树木繁茂。人民政府又在潘、杨两湖养殖鱼类,供市民食用。郊区灌田5000多亩,农业普遍得到丰收。黄河水代替了含盐过多的井泉水供工业使用,可以避免已往发电染纺等工业因受碱水过多的损失。因为排除了积水,卫生环境改善,疾病减少。20多年来不通航的惠济河,开始有木船与陈留、杞县等地往来。同时城内大力开展造林绿化工作,市区周围大规模防护林网已经形成,市内开始培植风景林。因此初步改变了气候,风沙减少,郊区的沙荒地变成良田。

解放后从1949年起即着手经济恢复工作,1949年和1950年从上海、无锡等外迁来纱厂、卷烟厂、火柴厂6家,给予开封工业以新生的力量,同时原有的机械、电力、面粉、榨油等工业也加以扩建或改建,到1952年经济恢复结束时期,工业产值已大大超过历史上最高年水平。1953年起开封市进入第一个五年计划时期,工业有飞跃的发展。五年内共改建新建了颗粒肥料厂、机瓦窑厂、酒厂、搪瓷厂、纱厂等11个工厂。工业总产值1957年达9290万元,为1952年的2.8倍,为1948年的9.7倍。手工业1957年为2804万元,为1952年的1.8倍。工业已完全是国营和公私合营,手工组织起来的有93%,小商小贩组织起来的有91%。

郊区农业也有发展,1957年农田灌溉面积16000万亩,比1952年增加6倍以上,比1949年增加9倍多。造林2万

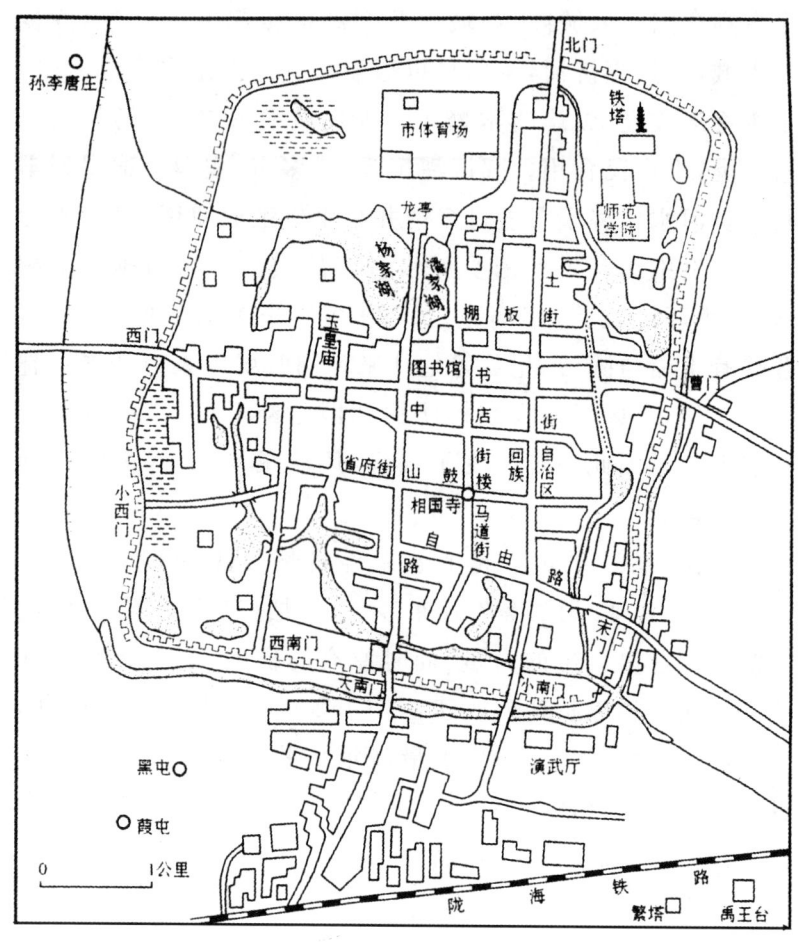

开封市略图

多亩。小麦产量1957年比1952年增加77%,蔬菜增长89%,水果增加73%,已有99.7%的农户加入农业生产合作社。

全市人口1950年有247970人,其中农村人口25260

人。1955年增至265749人。回族、犹太族、满洲族、蒙古族等少数民族,都获得了平等的地位。1952年在城内东部回族聚居区建顺河回族自治区。

开封在解放后文化教育有很大发展。高等学校现有开封师范学院、河南医学院和河南师范专科学校,学生达4400人。开封的名胜古迹如龙亭、铁塔、相国寺等都已修建。

在全国社会主义建设的大跃进中,开封市也在跃进中。计划1958年的工业总值要比1957年增加1倍,到1962年增加15倍,到1967年增加30倍,使开封建设成为化学、机械、纺织、食品工业及其他轻工业的综合工业城市。农业的跃进更快,郊区农业要在1958年五一节前水利化,水稻每亩产量1959年要达到500斤,1960年要达到800斤。开封市民在党的号召下提出"苦战三年改变开封面貌"的口号。开封的发展前途是非常广阔的。

结　语

　　从前面所介绍的来看，开封从诞生而发展，从发展而衰落，从衰落而新生，决定的原因是社会发展的条件。汴河的淤塞、黄河的泛滥，对于它的衰落虽有一定的影响，但这个影响不是决定的影响。就北宋极盛时而言，东京的繁荣，主要由于它是北宋王国的首都，是统治阶级统治剥削全国人民的根据地。因此兴修了汴河水利，发展了工商业，使开封形成了帝王贵族官僚的大消费城市。所以一旦北宋王朝崩溃，城市也因之而衰落。由于水利失修，加以黄河泛滥，自然环境也变坏了。解放后，修浚黄惠河，营造防护林，初步改变了自然面貌。又积极发展工业，使消费城市转向生产城市。这种繁荣，跟历史上的繁荣，本质上是不同的。它的新生是建筑在广大人民利益之上，它将随着河南经济的发展而发展，随着全国经济的发展而发展。新生的开封市的发展，它的决定因素是优越的社会制度。开封在党的领导下，向综合工业城市迈进。同时，改造自然也提到首要的地位，待黄河根本治理工程完成后，开封的面貌将要完全改变。

　　　　　　　　　　（原著于1958年9月由商务印书馆出版发行）

汴梁识小

开封地理环境的变迁

一

开封古有南北二城：开封城和大梁城。

开封城在今城南五十里古城村西北，相传为春秋时郑庄公所筑，取名开封，有开拓封疆之意。战国时为魏国开封邑。西汉时置开封县。

大梁城在今开封城西北，相传为周文王子毕公高所建。战国时为魏国都城。秦灭魏后设浚仪县。北周时置汴州。唐延和元年（公元712年）将开封县移入郭下，与浚仪县同为汴州治。后梁都此，升汴州为开封府。后晋、后汉、后周及北宋也相继都此，称东京开封府。宋真宗大中祥符元年（公元1008年），改浚仪县为祥符县，与开封县同为开封府治。自此，开封、大梁合为一城。

开封位于华北大平原边缘。历史时期开封附近，地势平坦，河湖交错，土地低湿。

《史记·秦始皇本纪》："二十二年（公元前225年），王贲攻魏，引河沟灌大梁，大梁城坏。"

《水经·渠水注》:"汉文帝封孝王于梁,以土地下湿,东都睢阳(今商丘县南)。"

开封城市的形成,比附近的郑州、商丘为晚,土地低湿,是原因之一。

开封周围,是一望无垠的冲积平原,没有起伏的山陵。开封旧有"三山不显"之说:"土街为一山;瓜儿隅头(在西门内)为一山;夷山为一山。"(《如梦录》)所谓不显称之为山者,不过是地势较高的高地。如历史上著名的夷山(夷门山),在大梁城东门(今城东北隅铁塔一带)。夷是平夷之意。夷山实表现为土丘的地形,其他微地形有岗、堆、坡等,那比山更不明显了(据《汴京遗迹志》:开封附近牟驼岗等四十二处,"诸岗累经黄河冲淤,存者无几",《宋东京考》记有四十六处)。因此,开封的地理景观,主要是河流和湖泊。这些河、湖在古代属于鸿沟水系。大梁城濒鸿沟水系主流汴河,为开封的发展提供了有利条件。

《读史方舆纪要》:"汴河故道自河阴县(今荥阳县东北广武)东北十里广武涧中,东南过原武、中牟界,经开封府城南,东流过陈留、杞县北,又东过睢州(今睢县)北,考城县南,宁陵县北而东,经归德府城(今商丘)南。隋以前自归德府界东北流达虞城、夏邑县北入江苏徐州界,过砀县(今砀山县南)北,萧县南至徐州北会于泗。自隋以后,则由归德府境东南流达夏邑、永城县南而入凤阳府宿州界,东南流经灵璧县及虹县(今泗县)南,至泗州(今盱眙西北,清康熙间沦入洪泽湖)两城间而会于淮。"

关于汴水上流,据《清一统志》记:源出荥阳,为蒗荡渠,东流为官渡水,又名阴沟、汳水、浚仪渠。至大梁城分流为鸿沟;鸿沟南流又兼沙水之名;沙水支流又为睢水、涡水,"名虽不一,实则委别而源同也"。

关于汴河水系在开封附近的分布,《水经注》记载颇详。今引录于后:

渠水:

经:"渠(水)出荥阳北河,东南过中牟县之北,又东经浚仪县。"

注:"渠水东南经赤城(今开封西南二十五里)北,左则古渎出焉。秦始皇二十二年,王贲断故渎,引水东南出以灌大梁,谓之梁沟。又东南经大梁城南。竹书纪年梁惠成王三十一年二月为大沟于北郭,以行圃田之水。陈留风俗传曰:县北有浚水,象而仪之,故曰浚仪……其国多池沼……渠水又北屈分为二水。续述征记曰:汳、沙到浚仪而分也,汳东注沙南流。其水更东南流经梁王吹台(今禹王台)东……北有牧泽。渠水于此有阴沟、鸿沟之称焉……渠水右与氾水合,水上承役水于苑陵县(今新郑东北),县故郑都也……其水又东北经中牟县(今县东六里)南,又东北经中牟泽与渊水合。氾水又东经梁台南东注渠。渠水又东南流经开封,睢、涣(今浍河)二水出焉。右则新沟注之。其水出逢池,池上承役水于苑陵县,则为鲁沟水。东南流经开封故城(今城南五十里)北。鲁沟南际富城,东南入百尺陂,即古之逢泽也……其水

东北流为新沟。新沟又东北经牛首乡北,谓之牛建城,又东北注渠,即沙水也。"

经:"又屈南至扶沟县(今县东北五十里崔桥南)北。"

阴沟水:

经:"阴沟出河南阳武县蒗荡渠。"

注:"阴沟首受大河于卷县(今原阳西北七里),故渎东南经卷县故城南。又东经蒙城北……故渎东分为二,世谓之阴沟水……右渎东南经阳武城北……又东南经封丘县绝济渎,东南至大梁合蒗荡渠,故渎兼阴沟浚仪之称……东南经大梁城北,右屈与梁沟合,俱东南流,同受鸿沟沙水之目。其川流之会左渎东导者即汳水也。盖津源之变名矣。"

汳水:

经:"汳水出阴沟于浚仪城北。"

注:"自王贲灌大梁,水出县南而不经其北。夏水洪泛,则是渎津通故渠,即阴沟也。于大梁城北又曰浚水矣……又东汳水出焉……汳水东经仓垣城(今开封东北),即浚仪之仓垣亭也。城临汳水……汳水又东经陈留县之饼乡亭北。汳水又东,经小黄县故城(今陈留东北三十里小黄镇)南……汳水又东经鸣雁亭南……在雍丘县(今杞县)西北……汳水又东经雍丘县故城北,经阳乐城(今杞县东北四十里)南……汳水又东有故渠出焉,南通睢水。"

根据以上记载,大梁以西的汳水称阴沟水,又名蒗荡渠,东流经大梁城北名浚仪渠,合称渠水。以东叫汳水,经陈留县北及杞县东流。渠水从大梁城分支南流,会逢泽至扶沟,叫鸿沟或沙水,下与睢水、涣水相通。开封故城则位于沙水支流鲁沟水流域。

开封附近湖泽的分布,较远的有中牟县西之圃田泽,其东的中牟泽,近开封的有逢泽和牧泽、沙海等小沼泽。

逢泽：

又作逢池,一名百尺陂,唐名福源池,在开封故城东北注入沙水。《史记·秦本纪》："孝公二十年(公元前342年),使公子少官率师会诸侯于逢泽。"《汉书·地理志》："开封县逢池在东北,或曰宋之逢池也。"《水经注》："新沟水出逢池,池上承役水于苑陵。另为鲁沟水东南流,经开封故城北……东南入百尺陂,即古之逢池也……其水东北为新沟……又东北注渠,即沙水也。"《唐书·地理志》："开封有福源池,本逢池,天宝元年更今名。"

牧泽：

又名蒲关泽,宋名凝碧池,在大梁城南。《水经注》："汳注沙东流,其水更东流,经梁王吹台东……北有牧泽出兰蒲……方十五里,俗谓之蒲关驿即谓此矣。"《汴京遗迹志》："凝碧池在祥符县东南平台侧,唐牧泽也。宋真宗时凿为池,今淤。"

沙海：

在大梁城西北。《元和郡县志》："沙海在开封县北二里。"（按《汴京遗迹志》：在祥符县西北十二里）。《战国策》载，齐发卒取周九鼎，颜率说曰："夫梁之君欲得九鼎于沙海之上，为日久矣，即谓此也。"隋文帝疏凿旧迹，引汴水注之，习舟师以伐陈，陈平之后，立碑其侧以纪功。

这些湖泊对汴水有调节作用。如梁惠王为大沟于大梁城北，以行圃田之水，即其一例。其次是提供了丰富的动植物资源。

《水经注》："圃田泽，多麻黄草，诗所谓东有圃草也。"麻黄草《本草经》作龙沙，为药用植物。

《左传》哀公十四年："逢泽有介麋焉。"介麋指介类，亦即水草。

《水经注》："牧泽出兰蒲。"

汴水对开封发展的影响，主要是交通运输。生产力的发展，商业产生，运输是商品流通的必要手段。开封因汴水东通淮、泗，战国时代，曾在汴河上流开凿运河，与河、济、汝诸水相通。

《宋史·河渠志》："禹于荥泽下引大河为阴沟，引注东南，以通淮、泗。"

《禹贡锥指》："浮于淮、泗达于河。苏氏传曰：自淮、泗入河，必道于汴。"

《读史方舆纪要》："史记荥阳下引河东南为鸿沟，以通宋、郑、陈、蔡、曹、卫，与济、汝、淮、泗会于楚。孔氏曰：即汳水也。"

将汴水上流，与邻水沟通，加强了它在全国运输中的作用。开封在汴水上流，当黄河、淮河交通的枢纽，这对开封城市的发展，有重大的影响。

二

公元4世纪，北方游牧民族入侵中原，今华北地区经济遭受空前破坏。晋室南迁，促进了长江流域经济的发展，开始了我国经济重心南移的历史时期。至隋代统一中国，政治、军事中心在华北，而经济中心在南方。隋炀帝为了巩固政治、经济的统一力量，加强南北交通的联系，开凿了沟通南北的大运河，称"通济渠"，唐名"广济渠"。这条运河西段利用洛河、黄河，东段利用汴河，把汴水下流，自商丘以下原来由徐州入泗的河段，改向东南流，至泗州直接入淮。这样就大大地缩短了南北水运的路程。开封适当南北大运河从江、淮到隋、唐首都——长安与洛阳的中枢，因而得到迅速的发展。自唐至五代，开封成为全国著名的经济城市。《唐书·李勉传》："汴州（开封）水陆一都会。"后唐郭崇韬说："汴州，关东冲要，地富人繁。"石敬瑭说："大梁，天下之要会也。"胡三省在注《通鉴》中解释说："大梁控引河、汴，南通淮、泗，北接滑、卫，舟车之所辏集，且梁旧都也。故石敬瑭云然。"后晋桑维翰说："大梁北据燕、赵，南通江、淮，水陆都会，形势富饶。"开封之称为汴州以及它的繁荣,是与汴河分不开的。

宋太祖以开封"无山川之阻,为四战之地",在战略上不宜建都,欲改都洛阳或长安。但因政治上、经济上的原因,不得不建都开封,称东京。主要原因,是宋鉴于唐末藩镇之祸,试图削减地方武力,集重兵于中央,因而军粮之需,极为重要。开封从江、淮地区运输粮食和物资便利,非洛阳、长安所及。宋代运河除汴河外,还有蔡河、五丈河、金水河,称为"四渠"。四渠集中于开封,作辐射状分布。据《东京梦华录》所载:"穿城河道有四,南壁曰蔡河,自陈、蔡由西南戴楼门入京城,缭绕自东南陈州门出……中曰汴河,自西京(洛阳)洛口分水入京城,东去泗州入淮,运东南之粮,凡东南方物,自此入京城,公私仰给焉……东北曰五丈河,来自济、郓,般挽京东路粮斛入京城,自新曹门北入京……西北曰金水河,自京城西南分京、索河水筑堤,从汴河上用木槽架过,从西北水门入京城,夹墙遮拥,入大内灌后苑池浦矣。"

汴河是东京对外主要运输路线,蔡河在城南与汴水分流,西名西蔡河,流经尉氏;东名东蔡河(又名惠民河),流经咸平(通许),下至陈州入颍河。金水河即天源河,自郑州东来,至东京入汴河。五丈河又名广济河,自汴水分流,东北会曹、郓诸水,下接济水。

此外有护龙河,即护城河,专作京城防御之用。

《东京梦华录》:"东都外城,方圆四十余里,城壕曰护龙河,阔十余丈。濠之内外,皆植杨柳,粉墙朱户,禁人往来。"

又白沟河源出封丘县境,经东京城北,下接睢河。这是一条坡水河，没被利用。

《宋史·河渠志》："白沟无山源，每岁水潦甚则通流，可乘百斛船，逾月不雨即竭。至道二年（公元996年）三月，内殿崇班闫光泽，国子博士邢用之，上言请开白沟自京师抵彭城（今徐州）吕梁口，凡六百里，以通长淮之漕。诏发诸州丁夫数万治之。"

以上诸河，汴河为重，宋人视为建国之本。漕运以河渠为主："国初浚河渠三道，通京漕运。自后立定上供年额，汴河斛斗六百万石；广济河六十二万石；惠民河六十万石。广济河所运，多是杂色粟斗，但充口食马料。惠民河所运止给太康、咸平、尉氏等县军粮而已。惟汴河所运，一色粳米相兼小麦，此乃太仓蓄积之实，今仰给予官廪者，不惟三军。至于京师士庶，以亿万计，大半待饱于军粮之余，故国家视漕事至急之重。夫京大也，师重也，大众所聚，故谓之京师。有食则京师可立。汴河废则大众不可聚。汴河之于京城，乃建国之本，非可与区区沟洫水利同言也。"（《宋史·河渠志》）

由此可知，北宋东京已发展为百万以上人口，全国政治、经济中心，汴河的作用是很大的。

除河渠外，还有人工山丘与湖沼。主要有艮岳与金明池，北宋亡后，皆毁。

艮岳：

在内城东北隅。《宋史·地理志》："政和七年（公元1117年），始于上清宝箓宫之东作万岁山，山周十余里，其最高第一峰九十步。宣和四年（公元1122年），徽宗自为艮岳记，以为山在国之艮，故名艮岳……初名凤凰山……宣和六年（公元1124年），又改名寿岳……自政和迄靖康，积累十余年，四方奇花异石皆聚于斯……楼台亭馆不可数计……及金人再至，围城日久。钦宗命拆屋为薪，凿石为炮，伐竹为笮箄云。"《予乘识小录》："艮岳……金人入汴遂废。按目下旧闻，山石之奇者，金人皆移至燕京云，今故此无存。"

金明池：

《汴京遗迹志》："在城西郑门外西北，周围九里余。周世宗显德四年（公元957年）欲伐南唐，始凿。内习水战。宋太平兴国七年（公元982年），太宗尝幸其池，阅习水战。徽宗政和中于池内建殿宇……后毁于金兵。"

宋东京并富于园林之胜。《东京梦华录》："大抵都城左近，皆是园圃，百里之内，并无闲地。次第春容满野，暖律暄晴。万花争出粉墙，细柳斜笼绮陌，春轮暖辗，芳草如茵，骏骑骄嘶，杏花如绣，莺啼芳树，燕舞晴空……"

宋时的开封，确是一个风景优美、绿化较好的城市，与后世的沙丘景观迥不相同。

总之，12世纪以前，开封地理环境比较优越。由于地势低湿，河湖交错，所以植物繁茂。地方气候也较近代优越。

随着我国历史的演进，开封从一个地方性的城市发展为全国政治、经济中心，河流起一定的作用。随着城市的发展，进一步提出了改造与利用自然的要求。春秋战国时开鸿沟，隋开通济渠，北宋的四大漕渠等，都是在原有河流的基础上加以改造和利用的。这样的结果反过来又加速了城市的发展。

三

北宋亡后，开封迭遭金、元兵祸，地理环境遭受破坏。特别是黄河的泛滥改道，影响最大。原来，黄河泛滥的起点在冲积扇的扇柄部分。12世纪以前，决口主要在开封西北，泛滥于华北大平原北部。多次的泛滥，河床淤垫，地面抬高，势必南徙。金人南下，利用黄河南行，以邻为壑，遂开黄河夺淮的局面。12世纪以后，开始泛滥于大平原南部，开封附近为泛滥起点。据《祥符县志》记，从金明昌五年（公元1194年）到清光绪十三年（公元1887年）近七百年间，黄河在开封附近决口泛滥达五十八次，今列于次：

1194年（金明昌五年）八月
　　河决阳武故堤，水势南趋，历延津、封丘，溢入祥符。
1286年（元至元二十三年）四月
　　河决开封祥符诸州县十有五处，役民夫二十余万塞之。按：黄河至是径入祥符。
1287年（元至元二十四年）三月
　　汴梁河水溢，役夫修故堤。
1288年（元至元二十五年）五月

汴梁大霖雨,河决汴梁、阳武诸处,河决二十一所,漂没田庐无算。

1290 年(元至元二十七年)四月

河决开封义唐湾,汴河及堤皆为黄淤,而汴水入蔡,蔡水源流亦塞,不能通达淮、泗。

1296 年(元贞二年)九、十月

秋九月河决祥符,冬十月又决。

1297 年(大德元年)五月

河决祥符,发民夫万余人塞之。

1304 年(大德八年)五月

河溢祥符。

1324 年(泰定元年)五月

河溢祥符乐利渠,诏发丁夫六万四千人筑之。

1325 年(泰定二年)五月

河溢汴渠。

1327 年(泰定四年)六月

汴梁路河决。

1351 年(至正十一年)四月

命贾鲁为总治河防使治之,十二月诸堤埽成,河复故道。

1374 年(明洪武七年)五月

河决开封堤。

1375 年(明洪武八年)正月

河决开封大黄寺堤百余丈,集民夫三万塞之。

1381年（明洪武十四年）

河溢原武、祥符、中牟。

1383年（明洪武十六年）八月

河决开封东月堤，自陈桥至陈留溃流数十里，是月复决杞县入巴河。

1387年（明洪武二十年）六月

河决开封城，自安远门入，淹没官民廨宇甚众。

1391年（明洪武二十四年）五月

河决原武，东流开封城北五里，南行至项城，经颍州颍上，东至寿州正阳镇入淮，而故道复淤。

1392年（明洪武二十五年）正月

河溢阳武县，溢入祥符等十一县。

1397年（明洪武三十年）八月

河溢开封城，城三面受水，将浸及军储。按：先河决由府城北而东行，至是下游淤塞，又先决而至南也。

1410年（永乐八年）五月八日

淫雨不止，黄河泛滥，坏开封旧城，被患者四千一百余户，没田七千五百余顷。

1414年（永乐十二年）八月

河决开封土城二百余丈。

1416年（永乐十四年）七月

河溢开封府十四州县。

1424年（永乐二十二年）九月

河决祥符、陈留诸县。

1426年(宣德元年)

　　黄、汝二河溢祥符、郑州、中牟、阳武等九县,淹没田庐无算。

1427年(宣德二年)九月

　　河溢祥符、郑州等几十县。

1436年(正统元年)七月

　　河决开封堤,伤稼。

1445年(正统十年)九月

　　河决荆龙口阳谷堤及黑龙庙口,溢入祥符,没民田无算。

1448年(正统十三年)

　　河决荥泽,溢祥符,大堤冲决,汴河以塞,是年更溢荥泽顺流而下,东至开封城西南,自是开封在河北矣。

1455年(景泰六年)六月

　　河决开封高门堤二十余里。

1459年(天顺三年)

　　河决祥符等县,没民田一千六百三十二顷。

1461年(天顺五年)七月

　　河决开封城,水深丈余,官民舍宇尽没。

1478年(成化十四年)三月九日

　　河决祥符县杏花营,秋九月,黄河水又冲决护城堤,居民被淹者五百余家。

1489年(弘治二年)五月

　　河决开封府黄沙岗、苏村等处,是时河复徙,从城东北流。

1492年(弘治五年)四月

　　河决汴梁之东,兰阳、郓城诸县皆被其害;又决荆龙口,东注,溃黄陵岗,下张秋,陈政督夫九万治之。

1493年(弘治六年)六月

　　河决黄陵岗,遣都御史刘大夏,太监李兴平、江陈锐治之。

1567年(万历五年)八月

　　河决祥符刘兽医口。

1577年(万历十五年)

　　夏秋淫雨,河水泛滥,又决刘兽医口,溢于铜瓦箱、荆龙口,淮、黄合流。

1579年(万历十七年)夏

　　河决祥符刘兽医口,又漫出李景高口,新堤被冲决,至十四塞之。

1601年(万历二十九年)

　　河决祥符狼疙瘩岗。

1616年(万历四十四年)

　　河决祥符狼城岗。

1636年(崇祯九年)

　　河决祥符黑岗,御史杨绳武治之。

1642年(崇祯十五年)九月

　　李自成围开封,官军决朱家砦,引黄水灌敌,水入北门,出曹、宋门,入于涡,全城被淹。

1644年（清顺治元年）

　　河自复故道。

1652年（顺治九年）

　　河决祥符朱源砦，自是全河北徙张秋，运道冲断。

1657年（顺治十四年）六月

　　河决祥符槐疙瘩岗，修堤御之。

1662年（康熙元年）

　　河决祥符步李砦及中牟、阳武等七县，田禾尽被淹没。

1669年（康熙八年）六月

　　河溜（疑为流，下同——编者）顶冲祥符县南岸，程家砦堤工坍堤。

1674年（康熙十三年）六月

　　河溜顶决程家砦，堤工尽坏。

1751年（乾隆十六）年

　　河决祥符步李砦。

1761年（乾隆二十六年）秋

　　沁、黄并涨，水势异常，漫灌祥符内外堤十五处。

1803年（嘉庆八年）

　　河决祥符六堡。

1819年（嘉庆二十四年）

　　河决祥符青堌堆，水及护城堤内，城壕皆满。

1841年（道光二十一年）六月

　　河决祥符三十一堡，并灌城内，居民淹死者甚多。

1843年(道光二十三年)六月

　　河决中牟,溢入祥符、朱仙镇。

1855年(咸丰五年)

　　河决兰仪县之铜瓦箱,溢入封丘、祥符、陈留数县。

1868年(同治七年)七月

　　河决荥泽县房庄,溢入祥符等县。

1887年(光绪十三年)八月

　　郑州石桥漫决,祥符、尉氏等十数处皆被淹没。

　　据上表,黄河在开封附近的泛滥最多时每年一次,最少时隔十年一次。其灌入开封城的有四次,即明洪武二十年(公元1387年),天顺五年(公元1461年),崇祯十五年(公元1642年),清道光二十一年(公元1841年)。而以崇祯十五年最烈,全城屋宇尽毁,人口三十七万,水后只余三万。就主要的改道而言,开封古不近黄河,金明昌五年(公元1194年)河决阳武故堤,灌封丘而东,流经开封城北四十里。明洪武二十四年(公元1391年),河决原武黑羊山,东流经开封城北五里,南至项城循颍河入淮。明正统十三年(公元1448年)河决荥泽孙家渡,东南流经开封西南,由陈州、项城、亳州入涡河,于是开封在黄河北岸。明弘治二年(公元1489年),河复徙,从汴城东北流,以后虽时决时塞,但开封的河道至今基本上没有更改。

　　开封附近黄河最近的变迁是1938年蒋匪帮的扒掘郑州花园口,黄河南泛入颍,泛滥于开封县境西南部贾鲁河流域。

1947年，河复故道，即今日的黄河。

开封今黄河道，有四百年的历史，由于多年泥沙的淤垫逐渐形成悬河，水行地面，两岸筑堤束水，俨若人为分水岭，绝无支河流入。

由于黄河的泛滥，汴河等四渠淤塞。开封成为不通河道的城市，明以后间接以贾鲁河为对外唯一联系水路。这条河原名孙家渡河，明都御史刘大夏所开，从荥泽孙家渡口引河水东流下接蔡河故道。俗称元丞相贾鲁所开，非历史事实〔据《元史》，贾鲁治黄，所开的河在仪封黄陵岗南，后湮没，非今贾鲁河。明弘治七年（公元1494年），刘大夏浚荥泽孙家渡口，引河水南行由中牟颍川入淮。正德、嘉靖间，屡加修浚，遂成漕运要道，即今贾鲁河。《汴京遗迹》："今所谓孙家渡河者，亦自荥泽而下，引河为渠，由朱仙镇东南达于淮、泗，似亦汴渠之遗意。"说今贾鲁河是贾鲁所开见于"行水金鉴"及《清一统志》，可见是后人附会〕。自清以来，以郑州的京索河为上源，东流经中牟北，又东南经开封西南四十五里的朱仙镇（黄泛后贾鲁河西移，今朱仙镇已不濒贾鲁河），折南流经尉氏、扶沟至周家口循颍河至正阳关入淮。其在郑州、中牟县境的称贾鲁河或小黄河，中牟而下称贾鲁河或运粮河，自周家口至正阳关称沙河。朱仙镇位于这条水路的航运终点，成为河南与江、淮物资的大转运地，清中叶以前最发达，人口达二十余万，繁盛过于开封，称全国四大镇之一。乾、嘉以后，贾鲁河受黄河泛滥淤塞，航运不能畅通，朱仙镇逐渐衰落，周家口代之而兴。清末铁路开通后，河南对外运输线路转移,遂一蹶不振了。

清乾隆四年(公元 1739 年),夏秋大雨,开、归、陈、许六十余州县水涝为患,平地水深数尺,开封城内水积月不退。乾隆六年(公元 1741 年)河南巡抚尹会一,奏请开浚开封城南干河涯,经陈留、杞县、睢州、柘城、鹿邑,循涡河入淮,其上流兼有睢河故道。清帝赐名惠济河,这条河只解决了开封城的积水问题,对城市用水、航运、灌溉都没有起什么作用。

自明崇祯十五年(公元 1642 年)黄河灌城后,城内土地被破坏,水退后洼地积水,形成湖坑,即今日潘家湖、杨家湖及西南湖之由来。

如上所述,黄河多次泛滥之结果,不但淤塞了汴河四渠、逢池、沙海诸湖沼,并由于黄河逼近开封,水行地面,威胁城市的安全;同时近郊造成沙丘,使开封城成为一个人为盆地,排水不良,盐碱土发育,地下水位抬高。更因林木的破坏,满目沙尘,风起时天日为暗,故有沙城的别号。1927 年间出版的吴世勋著《河南》有这样的记载:

> 开封城外,平衍无山,古代川流,多遭填塞,遥望细沙遍野,无殊沙漠。每至秋深春初数月间,北风怒号,天地晦冥。出则扬沙击面,尘秽满衣。入则几案盘盂间,簌簌然皆尘沙也。大风之后,北面城垣每为尘沙所掩,必须雇工修治始能显出雉堞。

1923 年康有为游开封曾题诗云:"无山无树无宫阙,但见黄河滚滚流。"也是恰当的写照。

总之,自12世纪以来,开封地理环境的变迁很大,主要的是受黄河泛滥的影响,但根本原因是社会条件。在反动统治时期决不可能根治黄河,加以自金、元以来,政治局面不安定,社会秩序紊乱,所以泛滥频仍,破坏日烈。由于我国政治经济中心他移,开封只是一个地方性城市,无力改造自然,如防洪、修渠、植树等工作,皆不能采取有效措施。地理环境日趋破坏,造成不利的自然条件,严重地阻碍了城市的发展。

四

1948年开封解放,在党和人民政府领导下,开始着手改造自然工作,发动群众开掘惠济河及市内东西支河。修筑潘、杨及西南湖大堤,避免了积水之患。1953年在黑岗口虹吸工程完成(黄河虹吸工程始建于1934年,1938年花园口决口,开封黄河干涸,黄惠河也废弃),引黄水由城西北利汴闸引入城内,把城内几个湖连接起来,至宋门济梁闸出城,下接惠济河。城内的死水变成活水,土壤逐渐改良,湖岸树木繁茂。因为排除了积水,卫生环境改善,疾病减少。不通航运的惠济河,自修浚后,载重20吨的木船可通陈留、杞县。中国忧患的黄河,在党和政府大力防治之下,解放后永绝了数千年泛滥之祸,解除了它对开封市的威胁。由于豫东防护林的建设,市区周围的防护林网已经形成,固定了沙丘。城市开始进行绿化工作,培植风景林。因此,初步改变了气候,风沙减少。1957年郊区兴修水利,许多沙荒地辟为农田,试种水稻。公社化后发展郊区农业,普遍栽植蔬菜,供应城市需要。

以上这些,只是改造自然的开端,今后还需在发展生产的基础上,继续和自然作斗争,改变不利的地理环境,发挥其加速城市发展的作用。

(1962年7月手稿)

开封水道的变迁

开封现在水道主要的有三条：

(1) 黄河,流经开封城北20里。

(2) 黄惠河,自黑岗口引黄河水东南流经开封城,又东南流名惠济河,入杞县境。

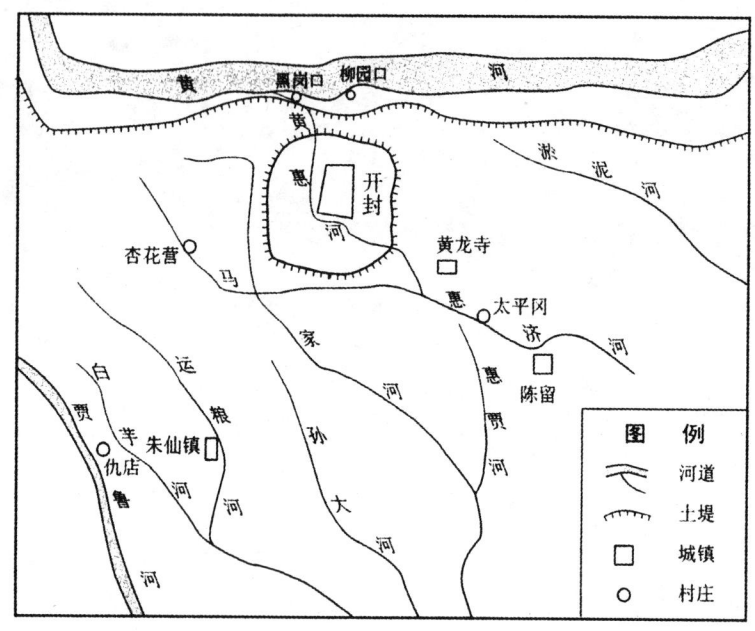

开封水道图

（3）贾鲁河，自中牟县境东南流经开封城西南45里的朱仙镇，南流入尉氏县境。后两条河属淮河水系。黄河是天然河道。黄惠河、惠济河与贾鲁河是人工河道，都是近代所形成的。黄河在金以后才流经开封境，贾鲁河是明末才出现的，惠济河是清中叶所修浚的，黄惠河是民国时所修浚的。

这几条现代水道虽然都是新形成的，但是它们都有发生发展的历史条件和特点，对于开封城市的发展与衰落，有相互的关系，研究开封水道的变迁，有现实的意义的。

一

上述的两条人工水道，它们的前身是汴河，而与黄河也有密切的关系。

汴河是开封最古的水道，从周、秦以来的文献中如《史记》、《汉书》等已有关于汴水的记载。它的水系在开封附近的有渠水、阴沟水、汳水（汴水）、沙水等名称，据《水经注》所载，引录如下：

> 渠（水）出荥阳北河。东南过中牟县之北。又东至浚仪县（今开封县）北……渠水东南经赤城（今开封西南二十五里）北……左则古渎出焉。秦始皇二十二年，王贲断古渎，引水南出以灌大梁（今开封城西北部），谓之梁沟。又东经大梁城南。陈留风俗传曰：县北有浚水，象而仪之，故曰俊仪……渠水又北屈分为二水……汳东

注沙南流。其水更东南流经梁王吹台（今禹王台）东，北有牧泽……渠水于此有阴沟、阳沟之称焉……渠水右与汜水合……渠水又东南流经开封县（古开封在今开封城南五十里的古城村），睢、洨（今浍河）二水出焉，右则新沟注之，其水出逢池……又屈南至扶沟县（今扶沟城东北五十里崔桥南）。

阴沟水……出河南阳武县蒗荡渠……东南经大梁城北，右屈与梁沟合，俱东南流，同受鸿沟、沙水之目。

汳水出阴沟于浚仪县北……汳水东经仓垣城（今开封东北十五里仓颉造字台）南……汳水又东经陈留县之饼乡亭北……汳水又东经小黄故城（今陈留东北三十里之小黄铺）南，又东经鸣雁亭，又东经雍丘故城（今杞县）北，经阳乐城（今杞县东北四十里）南……汳水又东有故渠出焉，南通睢水……

根据以上的记录，就是汴水在开封以西叫阴沟水，又名蒗荡渠，东流经开封城北名浚仪渠，合称渠水，又东叫汳水，即汴水，经陈留县北、杞县北，下接睢水。渠水从大梁城南分支南流，会汜水、新沟等支流，称阴沟水或沙水，下通睢水、洨水。

开封附近还有沙海、牧泽与逢池（一名逢泽）等小湖沼与汴水相通。

隋代利用汴河开凿沟通南北的大运河——通济渠，唐名广济渠。开封位于汴河要冲，唐代名汴州，发展为一个地方政治经济中心城市。五代与北宋建都开封,称为东京,把汴河、沙水进一步修浚,开凿了汴河、蔡河、五丈河、金水河四条人工运河,而集中于开封,作辐射状分布,据《东京梦华录》所载

穿城河道有四:南壁曰蔡河,自陈蔡由西南戴楼门入京城缭绕,自东南陈州门出……中曰汴河,自西京洛口分水入京城,东去泗州入淮,运东南之粮,凡东南方物,自此入京城,公私仰给焉……东北曰五丈河,来自济、郓,般挽京东路粮斛入京城,自新曹门北入京……西北曰京水河,自京城西南分京、索河水筑堤,从汴河上用木槽架过,从西北水门入京城……

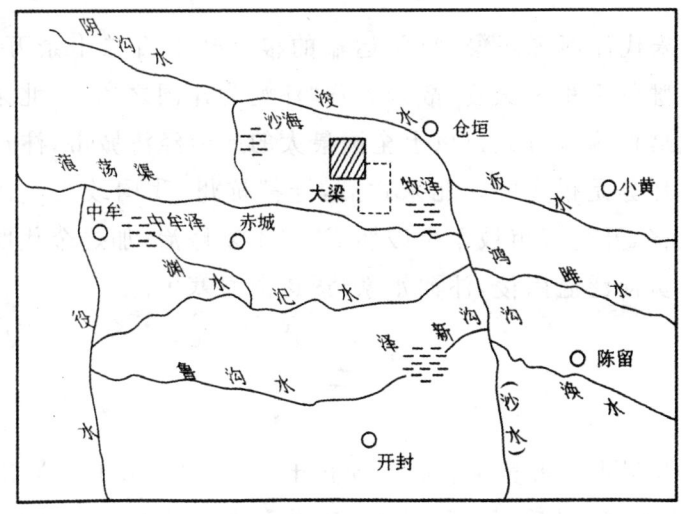

开封古汴河水道示意图

汴河，西通洛阳，东达江淮，是开封对外主要的河运干线。蔡河即沙水，在城南与汴水分流，西名西蔡河，流经尉氏，东名东蔡河（一名惠民河），流经咸平（今通许），合流入颍河。金水河，一名天源河，自郑州东来至开封入汴河。五丈河一名广济河，自汴河分流东北会曹、郓诸水，下接济水。

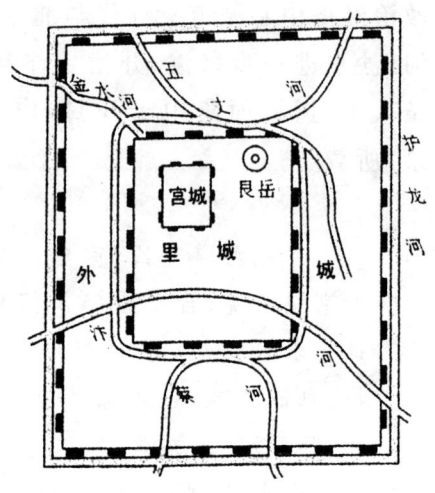

宋东京四渠示意图

宋代汴河等四渠，每年运输的粮食达七百二十余万石，供京师的军粮和民食，故宋人称"汴河为建国之本"。北宋东京发展而为百万人口以上全国最大的政治经济城市，汴河所负的任务是很大的。北宋亡后，迁都杭州，我国政治经济中心南移，开封城市被军事破坏，汴河不复修治，加之金代明昌以后黄河泛滥南侵，汴河水系，遂逐渐湮塞了。

二

开封古不近黄河，金明昌五年（公元 1194 年），河决阳武，历延津、封丘、长垣、兰阳、东明等地东流入山东曹州境，至寿张注入梁山泺,分为两派,南派由泗入淮,北派由北清河(济水)入海。在此以前,黄河经延津北。从此时起由封丘入兰封,直接经开封、封丘间。开封的黄河,基本上是从此时形成的。在此以前,黄河泛滥于华北大平原北部,夺海河水系入海。由于多年泛滥的结果,地面垫高,势必南徙,加上金人利用黄河南徙,以邻为壑,遂开黄河入淮的局面,而开封首当其冲。自有历史记录以来,黄河决口凡一千五百余次。据徐伯勇的统计,在开封附近的有18次,而从1194年到1938年有107次(据徐伯勇著《开封河患简史》,开封市博物馆稿本)。黄河的较大改道,共有26次,在开封附近的有七次(据黄河水利委员会编《人民黄河》)。兹分述如下:

(1)金明昌五年(公元1194年)的河道,是黄河第14次大改道。它在开封附近的河道,据《治河通考论·黄河故道》:"原武东南,阳武南流,经封丘于家店、祥符、金龙口(荆隆宫)、陈桥,北经兰阳、仪封入山东曹县境……"按:相当于今日的河道。

(2)元至元二十三年(公元1286年)河决原武,至开封分两支向东南而下,北支由开封经陈留、通许、杞县、太康等地由涡入淮,这是黄河第15次大改道。它在开封的河道不详。

(3)明洪武二十四年(公元1391年)河决阳武黑泽山,经开封城北折而东南流经陈州由颍入淮,这是黄河第18次大改道。它在开封的河道,据《治河通考论·黄河故道》:"阳武西南,东南流经封丘陡门、祥符东南草店村,经府城北五里,东过焦桥、焦街,南过苏村至通许西南……"

(4)永乐十四年(公元1416年)河决开封,至亳州由涡入淮,这是黄河第19次大改道。它在开封附近的河道,据《明太宗实录》:"明太宗永乐二十年十月壬寅,工部言,河南开封府仁和门外土城堤,旧离黄河五里,河自边村经独乐岗入淮。"

(5)正统十三年(公元1448年)河决荥阳孙家渡口,东流经开封西南由颍入淮,这是黄河第20次大改道。它在开封的河道,据《汴京遗迹志》所载的黄河古渡口,可以见到。即从八角渡(城西南三十里)经杏花营渡(城西南十五里)、梁家浅渡(城南十五里)、白墓子岗渡(城东南十五里)至赤仑渡(城东南三十里)。

(6)弘治二年(公元1489年)河决开封上游,分三派泛滥东流,这是黄河第21次大改道。后经白昂刘大夏治理,弘治八年(公元1495年)河道流经开封、归德、徐州入淮。其在开封附近相当于今日的河道。后虽时决时塞,但没有大的改变。

(7)民国二十七年(公元1938年),日寇西侵,蒋匪帮因利于逃跑起见,扒开郑州花园口引黄河南泛,经开封西南境,冲没了贾鲁河,这是黄河第26次大改道。民国三十六年(公元1947年)堵塞花园口,河复故道。

综上所述,开封黄河基本上形成于公元1194年,固定于公元1495年,几世纪来,泛滥淤垫的结果是,河行地面,两岸筑堤束水,形成人为分水岭,绝无支流入河,成为今日的现象。

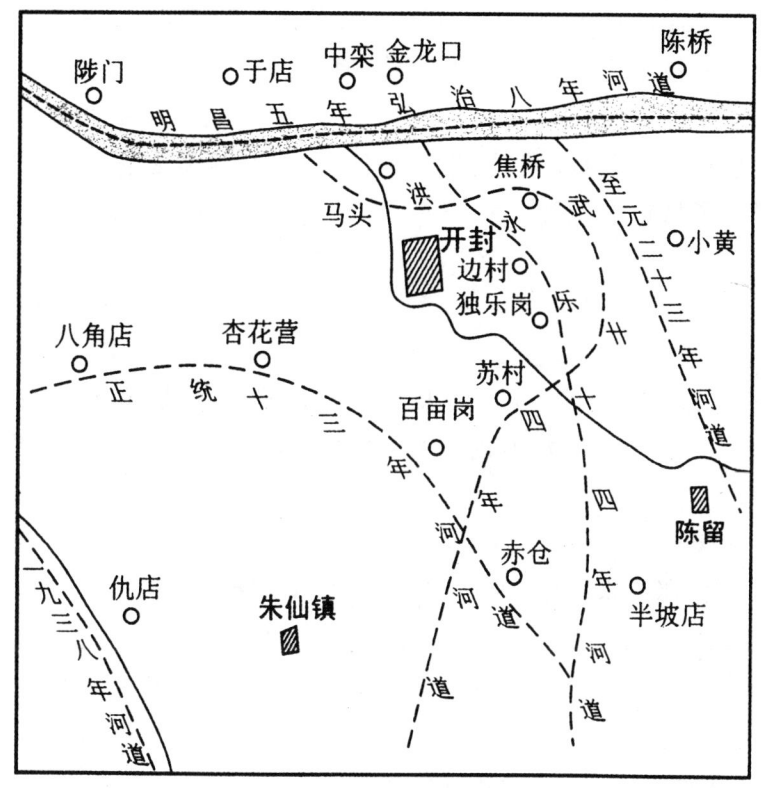

开封黄河故道示意图

黄河在开封附近大小决口 107 次,不但破坏了农村,淹没了农田,且严重威胁开封城市的安全。其中侵入开封护城堤的有 7 次,侵入城内的 6 次,即元太宗六年(公元 1234年)、明洪武二十年(公元 1387 年)、明洪武三十二年(公元 1399 年)、天顺五年(公元 1461 年)、崇祯十五年(公元 1642年)、清道光二十一年(公元 1841 年)。以崇祯十五年最严重,全城屋宇全毁,人口三十七万,水后只余三万。同时由于多次泛滥的结果,也破坏了自然环境,汴河等四渠和逢池等湖沼皆被湮塞。近郊造成沙丘,使开封成为人为盆地,地下水位抬高,排水不良,盐碱土发育。又由于自然植被的破坏,满目黄沙,有似沙漠,风起时天日为暗,有沙城之称,严重地阻碍了城市的发展。

三

自元、明以来,汴河诸渠完全淤塞,开封成为不通河道的城市。由于城市发展的需要,以贾鲁河为间接对外水运要道。

康熙《开封府志》:"沙河一名贾鲁河,又名小黄河,受京、索、须、郑诸水,经朱仙镇、吕家潭至扶沟者也。"

嘉庆《一统志》:"贾鲁河源出荥阳县,东北流至荥泽县西南,合索水,经荥泽县南,又东经郑州北,又东经中牟县南,又东南经祥符县之朱仙镇西……元时为黄河所夺,贾鲁治之,故自郑州以下,通名贾鲁河。"

朱云锦《豫乘识小录》:"贾鲁河,汴河之南支也……南注一支为沙,东注一支为汴……至元至元二十七年黄河决,始淤塞东流一支,今止存南注一支,以曾经元臣贾鲁疏浚,故又名贾鲁河,又名小黄河,仍上受京、须、索、郑诸水,经朱仙镇、吕家潭至扶沟……"

据以上记录有两点:(一)贾鲁河即蔡河故道。(二)贾鲁河为元臣贾鲁所开。

按：根据贾鲁河流道，相当于西蔡河故道，这是对的。但说是贾鲁所开，不合史实。

《元史·顺帝本纪》："贾鲁治河自黄陵岗南达白茅放于黄固、哈只等口，又自黄陵岗至阳青村合于故道，凡二百八十里有奇。"

《行水金鉴》引谷山笔云："贾鲁河自黄陵岗达白茅，放于黄固等口，即今贾鲁河故道也。"

按：黄陵岗在今兰封，白茅、阳青村在今曹县，黄固在今单县，哈只在今虞城县。即贾鲁河指兰封以东至曹县的旧黄河而言，非今日的贾鲁河。

《嘉庆一统志》："贾鲁开河在兰仪厅黄陵岗南，故道湮没。今云贾鲁河，盖即宋时蔡河故道。"

由此可知，今贾鲁河为贾鲁所开，是后人附会。

按：今贾鲁河是以明正统十三年（公元1448年）河决孙家渡口的故道为基础，经后人改修而成的。

嘉靖十四年刘天和奏："孙家渡自正统时全河从此南徙，弘治间淤塞，屡开屡淤，率不能通。"《图书集成》引郑晓："荥泽孙家渡口，旧河东经朱仙镇，下至项城、南顿，犹有河流，淤浅仅二百余里。"

《汴京遗迹志》："今所谓孙家渡河者，亦自荥泽而下，引河为渠，由朱仙镇东南达于淮泗，似亦汴渠之遗意。特以不近都会，而转漕非其所资，故任其浇涸而不为之疏浚耳。"

孙家渡河固不通开封，但自汴河淤塞，开封不通河运，有另开新河的必要。今贾鲁河殆即利用孙家渡河与旧蔡河沟通而成的。到清初下达颍河，舟楫畅通，朱仙镇为航运终点，成为河南与江、淮间大物资集散地。清中叶以前最发达，人口二十余万，繁盛过于省城，称我国四大镇之一。乾、嘉以后，贾鲁河屡受黄河泛滥淤塞之害。清末铁路开通后，河南对外交通线路转移，贾鲁河不复疏浚，遂不通航运，朱仙镇也随之衰落。贾鲁河本穿过朱仙镇南流，自道光二十三年（公元1843年）河决中牟，冲没贾鲁河，河道西移从朱仙镇西十五里的仇店南流，残存的旧道，今名运粮河，成为贾鲁河的支流。

四

自崇祯十五年（公元1642年）黄河入城，水退后洼地积水成湖，即今日龙亭潘、杨湖与西南湖之由来。由于黄河的不断泛滥，城周地势日高，开封城状为釜底，城中积水无法宣泄，经常积涝为患。清乾隆五年（公元1740年）乃开掘惠济河，相当于汴河故道，为开封城对外唯一水道。

乾隆四年（公元1739年）夏秋大雨，开、归、陈、许六十余州县，湮为巨浸，平地水深数尺，开封城内水积月不退。巡抚尹会一提议先修浚城南门外的干河涯，以宣泄城内之水。复于中牟西贾鲁河北岸，别疏一道，导入祥符浅儿河，接浚至高家楼，纳干河涯之水，东入于涡。清帝赐名惠济河。道光二十一年（公元1841年），河决张家湾，惠济河湮塞。同治五年（公元1866年），巡抚李鹤年复修，从宋门东经高家楼太平岗，由陈留、杞县、睢州、柘城至鹿邑注涡入淮。清末民初，又逐渐淤浅。1921年夏秋大雨，豫东数十县，积涝为害，1922年修浚。1924年又修环城河与城内环河，与惠济河相接。总之惠济河主要作用是排水，没有城市饮用、农田灌溉及航运之利。

1934年，在黄河南岸黑岗口设虹吸管，引黄河水入城接惠济河，命名黄惠河。1938年蒋匪帮扒开花园口引黄水南泛，开封黄河断流，黄惠河也废弃，抗日战争胜利后，堵塞花园口，河复故道，但未修复黄惠河，而惠济河也淤塞。

1948年解放后，在党和人民政府的领导下，发动群众开挖惠济河及市内东西支河，修筑潘、杨湖与西南湖大堤，避免了积水之患。1953年黑岗口虹吸管修复，引黄水由城西北的利汴闸入城，把城内几个湖连接起来，至宋门济梁闸出城，下接惠济河，城内的死水变成活水，向不通航的惠济河自修浚后，载重20吨的木航，可通陈留、杞县。因此大大地改变了城市面貌。

（原稿完成于1963年8月）

朱仙镇历史地理

朱仙镇在河南开封城西南四十五里。自宋以来,为军事要镇。明末清初最盛,称我国四大镇之一,与汉口镇、景德镇、佛山镇齐名;清末开始衰落,是典型的历史商业城市之一。

兹据个人考察调查,参证文献资料,论述其诞生的由来,兴盛的条件与特征,衰落的原因,现状及今后发展如次,以供研究城市历史地理,制订地方经济规划的参考。

一 朱仙镇名称的由来

朱仙镇相传以朱亥得名。《通鉴辑览》:"朱仙镇在开封府祥符县西南,以朱亥旧里,故名。"《祥符县志》:"朱仙镇相传战国时朱亥故里,亥旧居仙人庄,因名。"

按:朱亥据《史记·魏公子列传》,是信陵君门客,所谓"窃符救魏"事件要角之一。朱亥何以称朱仙,不详。一说:"或者亥曾业屠,其后屠者皆祀亥,因奉祀而称为仙人,亦如吕祖曰吕仙,葛洪曰葛仙之例。"(见开封实验教育区编《岳飞与朱仙镇》第120页,1934年。又朱亥墓在城西南,俗名屠儿原，《读史方舆纪要》说城南五里有朱仙镇，疑即此）也只是推想之说。

又仙人庄，非朱仙镇，在开封城西南二十里，距朱仙镇二十五里，庄之北门内偏西一百四十余步，紧接庄寨之处，旧有土地庙一座，其旁立碑，题"朱亥故里"。今庙与碑皆不存。

总之，朱仙镇以朱亥故里得名，仅仅是一个传说，根据这个传说，朱仙镇的发生，当在战国以后。

考镇之一辞，初见于周礼。《说文解字》："镇，博压也。"即压制之意。后世用于驻兵地之称，更后用于一般居民点之称。据《佩文韵府》我国地名之称镇，始于南北朝时期。则朱仙镇之镇，当也不可能在5世纪以前。

二　朱仙镇之役及战略地理

历史上有名的朱仙镇之役，据《宋史·岳飞传》，在绍兴十年（公元1140年）岳飞北上抗金，七月七日郾城之捷后进兵朱仙镇，兀术聚兵且悉京城兵十万来迎战，对垒而陈。飞按兵不动，遣骁将率背嵬军五百奋击，大破之，兀术奔还汴京。岳飞正欲乘胜深入，而以奉诏班师。今镇西二里，有土岗，名点将台，传说是岳飞演兵处。再西五六里有牛头山，传说岳飞败兀术于此〔按：牛头山（一作牛首山）是建炎四年（公元1130年）建康之役，岳飞败金兀术处，在南京城南二十七里。这是附会〕。

关于朱仙镇之役，史学界还有异议。如邓广铭说："岳飞绍兴十年，北上迎击金人，其历次战役的奏报，全都被岳珂收录在金佗稡编的经进鄂王家集当中……共是十二件，其内容完全未涉及朱仙镇一地……然而岳珂编写行实编年时，却在岳飞的奏捷战报中，又添出朱仙镇一役……岳珂在此只笼笼统统地说对垒而陈，遣骁将奋击，却不明指出所遣骁将为谁，接战在何时日，和他叙述前此各战役行文体例，全不相同……可以断定所谓朱仙镇大捷，只不过是岳珂想当然的一事而已。"他又说《宋史·岳飞传》也取材于行实编年（见邓广铭《岳飞传》，第282～285页，1955年）。何竹淇说："朱仙镇之役，见大金国志卷十一熙宗纪三天眷三年条下，行实编年卷五绍兴十年条，宋史卷三六五岳飞传。但金佗稡编，三朝北盟会编及建炎以来系年要录皆不载。故史家对朱仙镇战役还有怀疑的。但是我们据岳飞郾城战争胜利形势看，打到朱仙镇是可能的。"（见何竹淇《岳飞抗金史略》，第159页，1959年）

总之，不论是岳飞大军或先遣部队到朱仙镇，或者朱仙镇之役是想当然之说，但可以说明朱仙镇是开封附近的战略要地。这还有其他史实可资证明。

元脱脱弟也先帖木儿驻兵沙河，军中夜惊，尽弃军资器械，北奔汴梁，收散卒，屯朱仙镇（据《元史·脱脱传》）。

明崇祯十五年（公元1642年）三月，李自成农民起义军围开封，崇祯起侯恂为统帅，令总兵左良玉自汝宁率部赴援。良玉与教督丁启浚、保督杨文岳及虎大威、杨德政、方国安等会师朱仙镇。李军营西，明军营北。良玉见起义军势盛，一夕拔营遁，众军望见皆溃，自成乘势追击，明军大败，良玉走襄阳。崇祯闻良玉败，诏恂拒河图敌，而令良玉以兵来会，良玉畏自成，迁延不至，九月开封以河决而亡（据明史左良玉传；文秉烈皇小识；郑廉豫变纪略）。

清咸丰三年（公元1853年）太平军将领林凤祥、李开芳、吉文元率师北伐，入河南，五月十三日抵开封，清军于城外掘深沟两道，适暴雨，水深数丈。太平军见状，未攻城，进兵朱仙镇，驻屯二日，十六日西进，克中牟、郑州，由汜水口渡河北上（据林凤祥等北伐回禀。陈善钧癸丑中州翟兵纪略。姚宪之粤匪滋扰南北纪略）。

同治五年（公元1866年）曾国藩企图包围在豫、皖活动的捻军，制定防河战略。以朱仙镇为中心，北至黄河，东南沿贾鲁河、沙河筑防线一道。八月十六日，捻军赖文光、任化邦、张宗禹、牛洛洪在中牟会师，乘夜突破朱仙镇迤北堤墙，击溃河南巡抚李鹤年屯濠防军，威胁开封，经陈留东进曹州，防河战略失败（据王定安《求阙斋弟子记》、周世澄：《淮军平捻记》）。

按：镇的意义，如前所述，是驻兵地之意。从以上史实，可以说明朱仙镇在战略上的重要不是地形（因地势平坦，无险可守，贾鲁河在防御上的作用不大），而是交通，因地当华中、豫南到开封大路要冲，距离只有四十五里，是省垣南面的门户，一个战略据点。还有它作为屯兵之地，也要有经济条件。在崇祯时与咸丰时，皆在朱仙镇的兴盛时期，对驻屯大军有宿营和给养上的便利。足见在宋、元时朱仙镇也已是一个大集镇了。

三 朱仙镇发展和贾鲁河开通的关系

朱仙镇发展,以贾鲁河开通为转折点。在此以前,汴河为河南对外经济联系的主要路线。

按:汴河源出荥阳大周山,东流经开封、商丘、徐州合泗水入淮。隋炀帝开通济渠,自板渚(在汜水东北三十五里)引黄河入汴,东经开封至商丘循涣水(今浍河)入淮,沟通黄河、淮河、长江,东南的粮食,由此输入河南。在五代和北宋时还开掘了金水河、五丈河、蔡河,在开封与汴河相通。金水河一名天源河,上源即荥阳的金水,至开封入汴河。五丈河,在开封自汴河分流东北会曹、郓诸水入济水。蔡河一名沙水,在开封自汴河南流分为东西二河,西蔡河经尉氏,东蔡河经通许,两河相会至陈州入颍河。开封是一个河运中心,形成全国最大的工商业城市。朱仙镇濒西蔡河,则是开封附近的一个重要集镇。

元至元二十七年(公元1290年)河决开封义唐湾,汴河及堤皆为黄淤,而汴水入蔡,蔡河源流亦塞,不能通达淮、泗。元贞二年(公元1296年),大德元年(公元1297年)、二年(公元1298年),泰定元年(公元1324年)、二年(公元1325年)、四年(公元1327年)黄河先后在开封决口,汴河诸水,遂完全淤塞。待后贾鲁河开通,代替了汴河,成为河南对外联系主要水路,朱仙镇当贾鲁河航运终点,成为河南水陆交通联系要地。

朱仙镇发展与贾鲁河开通,有密切的关系,必须说明两点:(1)贾鲁河非元臣贾鲁所开的贾鲁河。(2)今贾鲁河原名孙家渡河,不是元末开通,而是明末开通的。

元至正十一年(公元1351年)元顺帝命贾鲁治黄河。《元史·顺帝本纪》:"贾鲁治河,自黄陵岗(在仪封)南达白茅(在曹县)放于黄固(在单县)、哈只(在商丘)等口。又自黄陵西至阳清村,合于故道,凡二百八十里又奇。"《行水金鉴》引《谷山笔》云:"贾鲁河自黄陵南达白茅、黄固等口,即今贾鲁河故道也。"又引《河防一览》:"黄河故道,自虞城以下,萧县以上,夏邑以北,砀山以南由新集历丁家道口、马牧集、韩家道口、司家道口、牛黄固、赵家圈至萧县蓟门、出水浮桥,此贾鲁所复故道。"

按:河是黄河专名,贾鲁河系指贾鲁所开之黄河而言。此河大约自河南之仪封、睢县、考城、商丘、虞城、夏邑,山东之曹县、单县,至江南徐州而止(见传泽洪《行水金鉴卷十七》)。非今贾鲁河。

今贾鲁河,源出荥阳东南诸山,上源有索、金、须、郑诸水合流于郑州附近,东流经中牟县北,又东南流经开封朱仙镇,折南流经尉氏张市白潭,扶沟吕潭,又南与双洎河合,又东南流至周家口合汝、颖二水为沙河,下达淮河。相当于古汴河、蔡河故道。其在郑州、中牟境内的或名贾鲁河,或名小黄河,在中牟而下的或名贾鲁河,或名运粮河。

说今贾鲁河为贾鲁所开,是后人附会。《行水金鉴》引

《目游四海记》:"郑州北有贾鲁河,自荥泽县流入,又东至中牟县岸……元末命贾鲁以通漕,起郑州至朱仙镇,皆名贾鲁河。"朱云锦《豫乘识小录》:"汴河有二支,东注一支为汴,南注一支为沙(按即蔡河)……至元二十七年,黄河决,始淤失东流一支,今止存南注一支,以曾经元臣贾鲁疏浚,又名贾鲁河,又名小黄河。仍上受京、郑、须、索诸水,经朱仙镇……"《郑州志》:"汴河今名贾鲁河,又名小黄河,以元臣贾鲁曾浚之,与黄河相表里者也……受须索已合之水,绕州西北境流至东北折而东南渐转贯中牟,达祥符朱仙镇。"这些都是后人记录,没有史实根据。清《一统志》说得很明白:"贾鲁所开河在仪封县黄陵岗,故道堙没。今所云贾鲁河,即宋时之蔡河故道。"

今贾鲁河非元贾鲁所开之黄河,本名孙家渡河,为明刘大夏所开。初明正统十三年(公元1448年)河决荥泽孙家渡口,漫流祥符、尉氏、扶沟、通许、洧川、临颍、郾城、商水、太康、项城诸县,至寿州入淮。弘治七年(公元1494年)刘大夏浚孙家渡口,别凿新河七十余里,导水南行,经中牟、朱仙镇下至项城、南顿入颍,以杀黄河水势,并资通运,这就是今贾鲁河。因为和贾鲁河同是黄河故道,因此相混。

当时其航运之价值不大,嘉靖十四年(公元1535年)刘天和奏称:"孙家渡河,自正统时全河从此南徙,弘治间淤塞,屡开屡淤,率不能通。"嘉靖二十四年(公元1545年)李濂《汴京遗迹志》:"今所谓孙家渡河者,自荥泽而下,引河为渠,由朱仙镇东南达于淮、泗,似亦汴梁之遗意,特以不近都会,而转漕非其所资,故任其浅涸,而不为之疏浚耳。"可是自汴河淤塞后,河南没有对外联系的水路,根据必要与可能,改造利用孙家渡河,势在必行。这在这条河道地理现象的变迁上,可以说明这个问题。孙家渡河,是以黄河为水源,而贾鲁河则以索、金、须、郑诸河为水源。以黄河为水源,黄河的泥沙冲积,容易使河道淤塞,如清代黄河的多次泛滥,屡淤塞贾鲁河道,可作证明。因此由河源而改为利用山源,这样使河道稳定,航运畅通。这个变迁当在嘉靖以后。可以推定,迟至明末,贾鲁河已完全开通,经常通航,促进了朱仙镇的发展。

四 朱仙镇的兴盛时期

朱仙镇自贾鲁河通航后,进入兴盛时期,大概自17世纪至19世纪即明朝末叶,清朝的前期,最盛时在清康熙朝。和湖北汉口镇、江西景德镇、广东佛山镇,同称中国四大镇。

四大镇的城市地理特征:

汉口镇位于江、汉两水的会点(汉水本在汉阳南入江,明成化间改由今道),京、粤驿道的中途,所谓"九省通衢"。自16世纪以来,为我国内地最大的水陆交通中心,形成一个大商业城市。

景德镇瓷业有一千四百年的历史,自15世纪至19世纪为兴盛时期,有瓷都之称。

佛山镇的兴盛时期,也自15世纪至19世纪,冶铁、丝织、陶器、造纸等手工业，非常发达。这两个镇同是工业城市。

朱仙镇则和汉口同是商业城市，但它只是一个大水陆交通联运码头，不及汉口镇之繁盛。

朱仙镇在开封城西南四十五里，沿贾鲁河，最盛时市区范围，北至今离镇四里的小店王，南至八里的腰铺，东至三里的宋寨，西至二里的豆腐店，面积约五十方里。市区中心部分有镇寨作不规则的圆形，纵横各三里许，周十里许，面积约九方里，辟有四门，原为土寨，清同治元年（公元1862年）因防捻而改筑砖墙，光绪三十二年（公元1906年）增修。

贾鲁河俗名东京运河，自北而南，穿寨而过，宽五丈八尺，船只直达寨内。寨北门西数十步，有大石桥，跨河临寨墙，有桥洞五。大石桥之南有二板桥，二板桥之南有大板桥，大板桥之南即南闸，为贾鲁河出寨处，置有闸门，可司启闭。自清雍正以来，贾鲁河受黄河泛滥的影响，河道时有变迁。

雍正元年（公元1723年）六月，河决中牟十里店与娄家庄，冲开大堤漫溢贾鲁河，由朱仙镇南下，镇中房屋多被水淹。九月河决中牟杨桥，朱仙镇复被水患。

乾隆二十六年（公元1761年）河决中牟杨桥，大流入贾鲁河，改道自中牟南流经朱仙镇西南八里的王堂，又南下至白潭与旧道合，故道淤浅。事后由镇民集资，在镇西南筑石坝二，将河截断，引水东北流，经西门外约四十步，再北流以入镇内，循故道南流，并于西门外，建石桥一座，以便行人。

道光二十三年（公元1843年）河决中牟九堡，入贾鲁河淹没朱仙镇，破坏甚烈。石坝被冲毁，主流仍由镇西南南下，镇内河道也淤浅。

光绪八年（公元 1882 年）再治之，自王堂改疏新河，达朱仙镇仍循故道南行（光绪八年河南巡抚李鹤年"朱仙镇新河记"碑，在北门内路西，今存）。贾鲁河的多次泛滥淹没市街，淤塞河道，对本镇起一定的不利影响。但由于市民对自然的斗争，疏浚河道，开掘新河，所以贾鲁河始终为本镇对外主要的交通路线。

朱仙镇市街主要在寨内，四关也有市街，因北关当通开封大道，南关当通尉氏大道，比较发达。南门外贾鲁河沿岸，码头林立，长达五里。寨内市街以贾鲁河而分为东西二镇。东镇的主要街道，南北行的有车店街、杂货街、曲米街、油篓街，东西行的有仙人桥街、炮房街。杂货街多南北杂货，曲米街多米麦商铺，炮房街多爆竹作坊，油篓街多油业行店，仙人桥街多普通商店。其中以杂货街最为繁盛。西镇的主要街道南北行的有顺河街、西大街，东西行的有估衣街、京货街、铜货街。京货街多苏广时货，估衣街多估衣店及当铺，铜货街多铜器作坊，顺河街、西大街多普通商店，而以西大街为最繁盛。各种行业集中在一条街道，这是我国封建社会后期工商业行会制（基尔德）发生后的特点。

在清乾嘉以前，东镇繁盛过于西镇。道光二十三年（公元 1843 年）水患，因东镇较低，水深丈余，水退后积沙数尺，以后商店多西移，因此西镇较盛于东镇。街道布局整齐，作直交状分布。南北行的街道宽约四米，东西行的街道宽约三米。房屋多平房式，也有楼房而墙坚基固，院整式宏，在今日遗留下来的建筑，还可以看到。全镇除商号、住宅外，有官署寺庙等建筑物，官署有巡检署、千总署；寺庙在全盛时有一百一十多处，最大的有关岳庙。岳庙在镇西北，明成化十四年（公元1478年）建，明清两代屡加修建，有正殿、大殿等建筑，门前有铁铸秦桧夫妇等五人跪像（1923年为军阀韩复榘运走）。关庙在岳庙西邻，清乾隆间山西帮商人所建，有正殿、戏楼、钟楼、鼓楼等建筑，宏丽过于岳庙。其他有救苦庙、清真寺、郎神庙、土地庙、瘟神庙、三皇庙、吕祖阁、财神殿等。这些寺庙每月五、九日有庙会，而以关岳庙在端阳重九等节日为最盛。

朱仙镇全盛时，人口有四万户，二十余万人（见《岳飞与朱仙镇》第122页）。外籍商人有山西、陕西、甘肃、安徽、福建诸省人。以山西帮商人最占势力，山西票号，握有全镇的金融权，他们设有山西会馆（俗名小关帝庙），独力修建关帝庙，可见其财力的雄厚。陕甘帮多经营山货皮毛，安徽帮多经营典当茶业，福建帮多经营米糖业，本省人多经营酒馆饭店及一般工商业。少数民族有回族，多从事小商贩和手工业，他们建有清真寺二所（北大寺、南大寺）。劳动人民多为运河的搬运工人，从事搬运货物、推车、挑担等工作，还有临时工人（打小工），他们的生活是很困苦的。此外，流民无产者（青洪帮）也有相当的人数。

朱仙镇运出货物以西北山货，本省的牲口与土特产为大宗。运入货物以木材、瓷器、茶、盐、糖、纸、布匹、粮食、杂货、京广货为大宗。运入盛于运出，是其特征。本镇特产有西双泰的竹竿青酒、玉堂号的豆腐干以及红纸、年画、爆竹、香等。

西双泰设于明代，有三百年的历史，所制竹竿青酒色味俱佳，盛销于邻近各州县及安徽等地。

玉堂号也创始于明代，所制豆腐干，为佐膳佳品，全镇年产三百余万块，多销售于开封、郑州。

红纸颜色鲜明，木板年画多门神和故事画，皆创始于明代，全镇有年画店约三百余家，年产年画三百余万张，行销于全国各省。

其他工业还有榨油业，共有七十余家。

朱仙镇位于贾鲁河航运终点，下达周家口，由淮河通安徽、江浙，舟楫畅通。小舟更可上溯到京水镇，北与黄河联系。故西北山产由此南输，东南杂货由此北运。更因接近省城开封，势如省城外港。陆运则由驿道南下经尉氏、许州以达武汉，北上经开封、卫辉、彰德以达北京。所以为商旅必经，水陆交通会集之所，南船北马，由此分歧。这个有利的交通条件，决定朱仙镇商业的繁荣。

朱仙镇的城市地理特征，如前所述，是一个大水陆交通联运码头。同时期河南的主要水陆交通联运码头，除朱仙镇外，还有道口镇、赊旗镇二地，但皆不及朱仙镇繁荣。其理由为：

（1）就水运的吸引范围讲，道口镇位于卫河航运终点，其吸引范围，只限于海河流域。赊旗镇位于唐河航运终点，其吸引范围也只是汉江中下游,远至长江中游。而朱仙镇面对淮河流域,远及长江中下游,是面积广大经济发达的地区。

（2）就陆路联系讲,道口镇主要对豫西北及晋南,范围狭小,道路崎岖。赊旗镇以方城路与三鸦路和黄河中下游往来,交通也比较困难。只有朱仙镇地处中原,背域广大,和华北、西北各地联系方便。所以不但是河南而且是华北最大的水陆交通联运码头,也列为我国封建社会后期全国四大镇之一。

五　朱仙镇的衰落

朱仙镇由于是一个大水陆交通联运码头,以物资转运为主的商业城市,经济基础比较薄弱,所以兴起来很快而衰落更快。

朱仙镇的兴起,由于交通条件,而其衰落也由于交通情势之转变。其初清雍正元年,乾隆二十六年,道光二十三年,黄河多次泛滥,漫溢贾鲁河,淹没市街,淤塞河道,虽屡塞屡浚,但对本镇起一定的不利影响。

及至光绪十三年(公元 1887 年)河决郑州石桥,漫中牟之西北而下,经朱仙镇西八里之新庄,下达白潭,镇中河流浅微,航行困难。

光绪二十六年(公元 1900 年)春,黄风时起,河被沙填,舟楫完全不通。周家口勃兴,代替了朱仙镇的地位,这是朱仙镇衰落的第一个阶段。

光绪三十年（公元1904年）京汉铁路通车，1912年津浦铁路通车，南北交通路线大转移，朱仙镇进入衰落的第二个阶段，同时周家口也衰落了。

其后更历经北洋军阀、国民党反动派、日本帝国主义的压榨摧残，到解放前夕，朱仙镇成为一个极端残破的集镇，和四大镇时代相比，有霄壤之别了。

四大镇自鸦片战争后，我国沦为半封建半殖民地，受帝国主义的支配，各有不同的命运。汉口镇由于帝国主义开辟长江航路，投资建筑京汉、粤汉铁路，成为轮轨交会的新水陆交通中心，畸形地发展起来。景德镇虽仍保有瓷都的名义，但在帝国主义压迫下，趋向衰落。佛山镇也由于受帝国主义经济压迫，手工业破产，也较过去衰落。而特别衰落的是朱仙镇。

朱仙镇衰落的表现，首先是商业的衰落。据1934年的调查，全镇大小商店保有二百余家，其中杂货店二十余家，时货店十余家，酱菜店十余家，首饰店十余家，大小饭店二十余家，红纸作坊十余家，年画店四十余家，中药店十余家，纸烟店及烟丝作坊数家，粮坊数家，油坊数家，酒馆数家，茶馆数家，客栈数家，理发店数家，照相馆一家，毒品（鸦片、红丸、海洛因等）售买处十余处。这些商店多小本经营，较大的不过三十余家，镇中营业税只月收三十余元，其萧条可想而知。（见《岳飞与朱仙镇》126～127页）抗日战争时期，在日伪统治下，受土豪恶霸的压榨，商业等于破产了。

由于商业的衰退，许多商人、工匠多移往开封、郑州、周家口、汉口、西安诸城市。劳动人民也多流亡外地,全镇人口咸同间有一万二千户,五六万人;至光绪三十二年(公元1906年)只有三千余户,一万五千余人;至1934年只有一千七百余户,八千五百余人(男五千一百余人,女三千四百余人),其中残废军人教养院(冯玉祥设,在关岳庙)一千五百余人,商民三千余人,农民二千余人,无业者(青洪帮)一千余人,回族有二千余人,全镇人口不过占全盛时代二十四分之一(见《岳飞与朱仙镇》第122～123页)。

同时,城市外貌也破坏了,寨墙圮毁,关岳庙残破不修,镇西大石桥、南闸、二板桥皆破坏。房屋不但没有新建,居民由于生活困难,常拆屋出售砖瓦木料,以维持生活。至1934年止,在三十余年间已拆去全镇房屋五分之四(见《岳飞与朱仙镇》第128页)。全镇市街,只留下西大街、估衣街、京货街、杂货街(河东街),其他街道,皆成为荒院耕地了。

朱仙镇自贾鲁河淤塞后,对外交通专恃陆路,1927年前后有长途汽车通开封、尉氏,但对于本镇经济的影响不大。

朱仙镇衰落的主要原因,如前所述,由于交通情势之转变,即自19世纪末叶以来,在帝国主义侵略下,我国交通面貌有显著的变化:南北运输路线,由驿道运河改为铁路海运,交通工具由木船车马而改为轮船火车。朱仙镇的地理条件,水陆联运的运输方式,不能像汉口镇那样适应新形势的要求,不得不走向衰落的道路。贾鲁河的淤塞,不是主要的原因,自雍、乾以来,由于黄河泛滥的影响,贾鲁河也屡被淤塞,因时加修浚,贾鲁河始终保持朱仙镇对外联系的作用。

但自京汉、津浦铁路通车后，即使贾鲁河仍然通航，朱仙镇也不能保持四大镇之一的地位。至于朱仙镇特别破坏是由于在国民党反动派、日伪统治下，受压迫榨取的结果，这也是衰落的主要原因之一，不可忽视的。

六　朱仙镇的现在和将来

1948年10月朱仙镇解放，开封县人民民主政府设此〔解放战争时期，开封县政府设在水坡（朱仙镇南二十五里），1948年10月迁至朱仙镇，1949年9月迁至黄龙寺（开封城东南十五里）以迄今日〕。政权掌握到人民手中，首先镇压土豪恶霸，扫除封建势力，其后经过1950年的土地改革，1954年的合作化，1958年的大跃进，成立了人民公社，工农业生产不断提高，人民生活逐步改善，根本改变了过去落后的面貌。

根据朱仙镇的自然和历史条件，它的将来发展可提出以下几点：

（1）朱仙镇是一个衰落的历史城市，如说将来要恢复四大镇之一的地位，那是不切合实际的。但它毕竟是一个历史城市，有它的历史基础，如过去城市的规模，可提供建设新居民点的依据。过去有价值的名胜古迹，如关岳庙，也应当修复。这有保存历史文物对人民进行爱国主义教育的意义。

（2）朱仙镇现在是一个农村集镇，它的生产发展，当以农业为主。它是开封的远郊区，沿运粮河，地势平坦，海拔

70~72米，附近土壤以沙质壤土为主，镇东西北三面有沙丘分布。地理环境，宜于多种经营，可继续种植柳榆杨等树木，苹果、枣、梨、柿等果树，发展蔬菜生产，并可适当地发展畜牧业和养鱼业。在农业的基础上发展工业。

（3）朱仙镇沿运粮河，即贾鲁河故道，今下通涡河，而河道淤浅，应加修浚。贾鲁河自黄泛后河床被破坏，淤浅亦甚，也应加整治，并开辟新河，沟通这两条水道，以利于灌溉与运输。

（4）朱仙镇有历史意义的特产，如竹竿青酒、豆腐干、红纸、年画、爆竹等，应当继承推广。特别是年画，艺术评价颇高，它有坚毅朴素强烈的地方特色，取材明确，线条粗放，色彩鲜明动人，可与苏州桃花坞、天津杨柳青的年画媲美（刘铁华《河南朱仙镇木板年画调查概况》，1963年）。继承它的优良技术传统，创造新内容面向工农，为群众教育服务，有重大的意义。

（附识）作者调查时，承王鸣皋老先生、张治安同志的协助之甚多，又张邃青先生对本文提供宝贵的意见，一并致谢。

（原载《史学月刊》1964年第12期）

开封地名浅释

开封是一个著名的历史文化古城,地名复杂多样。今试以城市、河湖、城门、名胜古迹、街道及城郊六类,解释其地名的起源、演变及其意义如次。

一 城市名称

开封历史悠久,沿革复杂,历代有开封、大梁、汴梁、浚仪、祥符等名称和东京、南京、北京等称号。

开封 相传春秋时郑庄公命郑邴筑开封城,作为囤粮储粟之地,开封有开拓封疆之义(见《太平寰宇记》)。汉设开封县(古开封在今城南五十里,唐延和元年移至今城)。后梁设开封府。1948年解放,设开封市。

大梁 战国时魏惠王于纪元前362年,从安邑(今山西夏县北)迁都大梁,位置在今城西北部。战国时城市称为梁的有三处:大梁在开封,少梁在今陕西韩城,南梁在今河南临汝。大梁之名,从少梁而来,少梁本为周梁伯国,后灭于秦,继属晋、魏。梁之名出自梁山,即禹贡"治梁及岐"的梁,在今韩城县南。

浚仪 秦始皇灭魏,于大梁城设浚仪县。浚仪之意义,《水经注》引《陈留风俗传》说:"县北有浚水,象而仪之,故曰浚仪。"常茂徕说:"浚仪春秋二邑名,浚即《诗经·卫风》在浚之郊是,仪即论语仪封人是,故汴梁曰浚仪,盖其地居二邑之间也。"(见《石田野语》)。

按:浚在今濮阳南,仪封在今兰考县,以后说为近理。

梁州 东魏天平初(公元534～537年),在大梁城设梁州。

祥符 宋真宗在1008年以为天上的天书出现,紫云下降,改年号为大中祥符元年,并改浚仪县为祥符县,与开封县同为开封府首县。

明太祖洪武九年(公元1376年)省开封入祥符。民国二年(公元1913年)废开封府,改祥符县为开封县。

汴州 北周、隋、唐曾于开封设汴州,以城临汴水得名。

东京、东都 后梁、后晋、后汉、后周、北宋皆建都开封,号称东都或东京开封府。宋与西京河南府(今洛阳)、南京应天府(今商丘)、北京大名府(今河北大名),合称四京。

汴京 金灭宋,称开封为汴京。

南京 金贞祐二年(公元1214年)自燕京迁都开封,号称南京,与上京会宁府(今黑龙江省阿城县白城)、北京大定府(今内蒙古自治区宁城县大明城)、东京辽阳府(今辽宁省辽阳市)、西京大同府(今山西省大同市)合称五京。

汴梁 元于开封设汴梁路总管府。汴梁之名由汴州、大梁而来。今河南外县还有叫开封为汴梁城的。

北京 明初曾拟建都开封,洪武元年(公元1368年)称为北京。后因漕运困难,决定建都金陵。洪武十一年(公元1378年)废除开封的北京称号。

卧牛城 是开封城的别名。《如梦录》:"汴梁地脉,原自西来,故唯西门直通,余四门皆屈曲旋绕,恐走泄旺气也。势如卧牛,故名卧牛城。"

沙城 解放前反动统治时期,开封城周缺少树木,城外沙丘绵亘,高与城齐,风起时尘沙蔽天,天日为暗,故有沙城的别号。

二 山河湖坑名称

群力山 1959年,开封市民群众,在党和人民政府的领导下,在龙亭的杨家西湖,堆成一座土山,命名群力山。

惠济河 清乾隆四年(公元1739年)夏秋大雨,开、归、陈、许六十余州县遭水患,平地水深数尺,开封城内水积月不退。六年(公元1741年),巡抚尹会一,奏开惠济河,自中牟经开封、陈留、杞县、睢州、柘城至安徽亳州,下达淮河。惠济是清帝所赐名,有惠济河南民众之义。

黄惠河 1934年从黑岗口引黄河水入惠济河,命名黄惠河。

潘家湖、杨家湖 在龙亭前,东为潘湖,西为杨湖,相传是宋潘美与杨业故宅的地址,潘湖水浑,杨湖水清,这表示奸忠之别。

按：潘宅遗址，已失所在。杨宅遗址，今湖西原孝严寺即其一部分。所以潘、杨二湖之说无历史根据。

西南湖　以在城西南隅得名。

包府坑　以在包公（包拯）府（在今包府坑街中段）附近得名。

徐府坑　以在明徐达府（在今徐府街中段）附近得名，今已填没。

三　城门名称

曹门　以通曹州得名，原名仁和门，都是宋、明遗留下来的名称。国民党时期，曾改名平等门。

宋门　以通宋州（今商丘）得名，原名丽景门，都是宋、明遗留下来的名称。国民党时期曾改名自由门。

南门　原名南薰门，是明代遗留下来的名称。国民党时期，曾改名中山门。

西门　原名大梁门，是明代遗留下来的名称。国民党时期，曾改名博爱门。

北门　原名安远门，是明代遗留下来的名称。国民党时期，曾改名共和门。

小南门　一称新南门，在南门东，1928年开辟。

西南门　在南门西，1954年新辟。

小西门　一名新开门，在西门南，1957年新辟。

四　名胜古迹名称

相国寺　北齐天保六年(公元555年)建,名建国寺,后毁。唐睿宗景云二年(公元711年)重建。睿宗未即位时为相王(相州即今安阳),因名大相国寺。

铁塔　宋皇祐元年(公元1049年)建,用铁琉璃砖砌成,称铁色琉璃塔,简称铁塔。因塔在上方寺内,所以又称上方寺塔。上方寺也因铁塔称铁塔寺。国民党时期,在铁塔四周植树造林,称为森林公园。

繁塔　宋太平兴国二年(公元977年)建,名兴慈塔。因附近有繁姓居住,通称繁塔。

禹王台　本名吹台,相传为春秋时师旷吹律之处。明弘治间改建禹王庙,祀大禹,故称禹王台。一说吹台,亦名繁台,原在繁塔所在地。

龙亭　宋故宫大内之一部。明周王府,府内宫后有一座土山,蓄积煤炭,以备事变时需用,叫做煤山。明末黄水灌城,王府全毁。清顺治十六年(公元1659年)在周王府遗址建贡院。康熙三十一年(公元1692年)在贡院内煤山旧址上建立万寿亭,遇皇帝生日,全城文武百官来此朝贺,因称煤山为龙亭山。雍正九年(公元1731年)因贡院地势低洼,移至城东北隅(今开封师院)。雍正十二年(公元1734年)总督王士俊在贡院旧址建万寿宫,即通称的龙亭。1927年冯玉祥主持豫政时,改名中山公园。

延庆观 元初建,名朝元万寿宫,元末兵毁。明洪武六年(公元1373年)重建,名延庆观,有庆祝明太祖统一全国的意义。

鼓楼 过去城市击钟鼓以报昏晓。开封的钟楼与鼓楼,相传是宋太宗创建。但确切可考的,则建于明代,钟楼于清初拆毁,只有鼓楼独存,但上层在1948年解放战争中破坏,只余台基。

东大寺、北大寺 开封回教的清真寺有十三处,规模较大的有北清真寺与东清真寺,称北大寺与东大寺。

挑筋教礼拜寺 即犹太教(一赐乐业教)礼拜寺。犹太教义,食牛羊肉,必去其筋,故俗称挑筋教。它的教堂在曹门内教经胡同,清末拆毁。今职工医院大楼,即其遗址。

三义庙 在曹门内,祀战国时魏国的信陵君、侯嬴、朱亥三人,故称三义庙。

孝严寺 在龙亭西,近西城墙,本是杨业家庙,杨业抗契丹战死,其子杨延昭,请改家庙为寺,追荐其父,宋太宗嘉其孝道,赐名孝严寺,该寺于1949年拆毁。

游梁祠 即孟子游梁祠。相传建于宋代,是纪念"孟子游于梁,见梁惠王"而建立的。本在城西南隅,清康熙二十八年(公元1689年)移至北门内。

二曾祠 在龙亭东南,清光绪十九年(公元1893年)建,祀消灭太平天国的刽子手曾国藩、曾国荃兄弟。今为市图书馆。

齐鲁花园 即山东花园,在曹门关,是清末留汴山东人经营,开放任人游览,故一称齐鲁公园。抗日战争期间毁坏,今市人委计划规复,称汴京公园。

五　街道名称

开封大小街道,以称街的最多,称巷与胡同的少。街大、巷与胡同小的一般规律,由于多年的演变,在目前已不适用。民国以来,也有改街道为马路或称路的。另有一个街道的特殊名称,叫做角,是指街道的转角部分而言,为数很少。

开封城的位置,相当于宋东京的内城。宋的东京为金、元所破坏,今日城市的范围、规模、街道的分布、街道的名称基于明代。根据它们的来源,可以分做六类:

1. 以历史遗迹命名的街道

州桥街　以唐宋汴河上的州桥得名。或作周桥,误。

后河街　在州桥街西,这个河也指汴河。

胭脂河街　胭脂河,即宋开封城内汴河的别称。

蔡河弯街　在宋门内,以宋蔡河命名。

双龙巷　传说是宋太祖、宋太宗的旧居。一说巷东西两头,各有汉白玉石龙头一具,故名双龙巷。

保定巷　本作宝定巷,传说为狄青得宝之处。

土街　以宋的土市子得名。《东京梦华录》:"自宣德(宣德楼今午朝门)东去东角楼,乃皇城东南角也。十字街东去,乃潘楼街。潘楼东去十字街谓之土市子,又谓之竹竿市。"按:土市子即今北土街北口。

午朝门街　以明周王府午门得名。

东华门街　以周王府东华门得名。

老府门街　在周王府前午朝门南。明代有七十二家王府（郡王），都是由周王分支下来的，故周王府称老府。

家庙街　是周王府家庙所在地。

马府坑街　是周王府的养马处。

辇子街　是周王停辇处。

蔡胡同　是周王府的菜园所在地。

徐府街　以明徐达府得名。在街中段，清代及民初为山陕会馆，今为徐府街小学。

鼓楼街　以明鼓楼得名。另有钟楼在鼓楼西，今开封专署西十字路口，清康熙十年（公元1671年）拆毁，其原址今呼为拆楼口，俗讹为车路口。

馆驿街　以明代驿站大梁驿得名。

马道街、外马号街　马号是驿站养马之所，马号街，是马号所在地。马道街是驿马经行之道。

封吉府街　封吉府是封丘府之误，是明代王府之一。

游击府街　以明代游击府得名，今改名自立街。

天地坛街　在南关，以明初社稷坛〔明社稷坛本在南薰门外，洪武十四年（公元1382年），改置周王府端礼门外〕得名。

都宅角　在宋门大街西，以明都任（字宏若，万历进士）宅得名。

里城南门街　这里城即满洲城，在龙亭北，清康熙五十九年（公元1720年）筑，为八旗驻防之所。1922年拆毁。今为市人民体育场。

2．以衙署机关命名的街道

省政府前街、省政府后街、省政府西街　以前省政府（今开封地区行署）得名。又开封行署是清行宫，故省政府前街旧名行宫前街，省政府后街旧名行宫后街。又省政府西街有清抚院（即巡抚署，前省参议会），旧名院前街。

西司门街、东司门街　西司门街，以清臬司署（前反省院）得名，因在城西，故名西司；东司门以清藩司署得名，因在城东，故名东司。

右司官口　以藩署经厅（在双龙巷西口路南）得名。按：藩司称布政使司，其所属经历司（掌出纳文移）称右司官。

小衙门街　以按经厅署得名。按臬司称按察使司，其所属经历厅署，俗称小衙门。

学院门街　以清学院（即提学使署）得名。

河道街　以清河道署（即河务兵备道署）得名。

北道门街　以清粮道署（即驿盐粮务道署）得名，因河道在南，粮道在北，故名北道。

理事厅街　以清理事厅署（理事同知专理满洲城驻防事宜，今理事厅街小学）得名。

大厅门街　以大厅署（即抚标中军参将署）得名。

前营门街　以清城守营游击署（今开专医院）得名。

开封县街　以前开封县政府（今开封县街小学）得名，又前县政府是清开封府署,故旧名府街。

演武厅街 在南关,以演武厅(即练兵场)得名。

营房街 在南关,以兵营得名。

明伦街 以前河南大学(今开封师院)得名。明伦为明人之义(孟子:夏曰校,殷曰序,周曰庠,学则三代共之,皆所以明人伦也)。又开封师院是清贡院,故旧名贡院街。

学堂门街 在南关,以清末陆军小学堂得名。

会馆胡同 以前江西会馆得名。

医院前街、医院后街 以前福音医院得名。

工厂街 以旧兵工厂(今开封机械厂)得名。

今日街道用衙署命名的,始于清代。在明代有以王府命名的,多已消灭了。

3. 以祠庙寺观命名的街道

寺前街、寺后街 即相国寺前街、相国寺后街。

铁塔寺街 以铁塔寺得名。

东岳前街、东岳后街 以东岳庙得名。解放前在此设立维新中学(今为回民中学),故改名维中前街、维中后街。

延庆观街 以延庆观得名。

万寿街 在午朝门西,以清万寿宫(即龙亭)得名。

卧龙街 以卧龙宫(今已毁)得名。

斐场公胡同 以明皮场公庙(相传斐场公名张森,为疹疾疡疮之神。一说是郑大夫子皮,以救民饥,国人立庙祀之)得名。斐场公为皮场公之讹。

文殊寺街　以文殊寺得名,今改名文化街。

吴胜角　为武圣角之讹,以关帝庙(关羽俗称武圣)得名。

游梁祠街　以孟子游梁祠得名。

旗纛街　以旗纛庙(祀历代名将,明末已毁)得名。

城隍庙街　以城隍庙得名。

玉皇庙街　以玉皇庙得名。

白衣阁街　以白衣阁(供奉白衣观音)得名。

文庙街　以清府儒学文庙得名。

教经胡同　本名挑筋胡同,以挑筋教礼拜寺得名。民初河南省警察厅以挑筋名词不雅,改为教经胡同。

开封街道以祠庙寺观命名的,要占三分之一以上,今不一一列举。

4. 以行业市场命名的街道

南书店街、北书店街　以书店文具店集中地得名。

山货店街　以山货店集中地得名。

鱼市口　以鱼市场得名。

鹅鸽市　为鸡鸭鹅市场。

大纸坊街、小纸坊街　以造纸作坊所在地得名。

油坊胡同　以油坊得名。

皮具街　旧名皮局街,以熟皮作坊得名。

糖坊口　以糖坊得名。

炉坊胡同　以铁炉作坊得名。

木厂街　一作木料厂街,以木料厂集中地得名。

镟匠胡同　以镟工作坊集中地得名。

打铜巷　以铜锡器铺集中地得名。

柴火市街、草市口、草市街　以柴草市场得名。

炭厂胡同　以煤炭厂所在地得名。

牲口市街、马市街、驴马市街　皆以牲畜市场得名。

某种同一行业集中一条街道,宋代开封已有之(见《东京梦华录》),这叫行市制,是封建城市的特点。近几十年来,开封城市的封建制逐渐解体,城市性质转变,特别是解放以后,这种现象大为改变。

上举街道名,除书店街外,皆起源于明代(书店街,明代叫大店街)。但目前只有书店街、镟匠胡同还名副其实,其他如山货店街、鱼市口等,则徒有其名而已。

5. 以河坑及其他命名的街道

顺河街　以顺沿惠济河得名。

大坑沿街　以附近过去有大坑,故名。

袁坑沿街　《如梦录》:"皮场公庙,向南三间黑大门,匾曰富乐院(按是妓院)。"常茂徕注:"今院坑沿街,皆其故地,俗讹为园坑沿。"(见《石田野语》)。这个地名本为院坑沿,讹而为园坑沿,又讹而为袁坑沿。

三眼井街　以三眼井(一井三眼)得名,旧名三井胡同。

双井街　以井得名,旧名双井胡同。

顺城街　以顺沿城墙得名。

铁路北沿街、铁路南沿街　以沿陇海铁路得名。

新门关大街　以在新南门（小南门）外得名。

公园门街　以陇海公园（今火车站旁）得名。

杏花园街　为熊家园之讹，以明代熊姓家园得名。

三民胡同　旧名曹三厅街，是明草三亭的转讹。《如梦录》："大隅首（今开封行署东十字路口）折向东……路北草三亭，内有熟皮作坊草三亭。"

平民胡同　旧名状元胡同。

解放胡同　旧名解元胡同。

6．国民党时期改名的街道

国民党时期，更改了城门名称（见前）。街道改了名的，几乎有十分之八。凡是以寺庙衙署命名的街道，认为封建名称，都更改了；其他认为不典雅的，也另订新名。例如其所改的主要街道干路有五条：

（1）中山路。从龙亭经南门到车站，包括老府门街、行宫角、县角（这个县角，指清祥符县署，在寺前街西头，今邮电局）、南门大街、南关大街。

（2）中正路。从北门到小南门，包括北门大街、旧坊街〔北门大街旧名北坊街（坊是过去城市区划单位名），旧坊街原是北坊街的一段〕、北道门街、右司官口、北兴街（旧名司东街，以在藩司署东故名）、北土街、南土街、吴胜角、袁坑沿街、都宅角、卧龙街。

（3）平等路。从曹门到中山路，包括曹门大街、东司门、东大街、西大街。

（4）自由路。从宋门到中山路，包括宋门大街、寺前街。

（5）博爱路。从西门到中山路，包括西门大街、前营门街、新街口街。除中山路与自由路外，其余都没有被群众所采用。

六　城郊地名

开封西郊，迭经黄河泛滥破坏，历史遗迹荡然无存。但是还保留了一些历史地名，今据考证所得，解释如次：

阳正门　在城东南七里，为扬州门之讹，是宋东京外城东南汴河水门。因通扬州，故名扬州门。

正门口　在西门外三里，是宋外城郑门遗址。

固门村　在正门口北二里余，是宋外城固子门遗址。

大花园　在城东三里，相传即宋望春门外的李驸马园。

羊尾铺　在城东南偏北七里。羊尾是扬驿之讹，有通扬州的驿站之义。

百塔村　在羊尾铺西南二里。百塔是繁塔之讹。

边村　在城东八里，因位于护城堤边，故名边村。

仁和屯　在曹门外东北二里余，以仁和门（曹门）得名。

后台村　在城东北七里护城堤北，为宋晏台（皇帝春耕藉田，祀先农晏百官于此）遗址。其东南二里有雁蛋河，为晏台河之讹。

前台村　在城东南十里，即宋东拜郊台（《汴京遗迹志》：

拜郊台在城南十里，其东又有东拜郊台，北宋时筑）遗址。

西台村 在城西北八里，即宋固子门外的迎秋台（宋人重九登高于此）遗址。

东柳林村、西柳林村 在南门外六里，以宋柳林馆（宋人游宴之所）得名。

干河沿 在禹王台南二里余，以沿干河（泄城南之水入惠济河，经常干涸，故名干河）得名。

铁牛 在城东北四里，以铁牛庙（即铁犀镇河庙，明正统间于谦建）得名。今庙毁而铁铸犀牛仍存。

私访院 在北门外四里，本作十方院，为释院名（宋有十方净因院在州西汴河南，元末兵毁），俗讹作私访院，并谬传为乾隆私访之处。另有一个十方院在城东三里余。

独乐岗 在城东南十五里，为宋代游览地，重九登高于此（相传宋时有一富翁住此，不问家事，每日请亲友饮酒作乐。徽宗私访时见到说：斯人其独乐哉，后称其岗为独乐岗）。

封神岗 在城西南三里，宋时建奉圣寺于此，名奉圣岗，金兵攻汴，毁其寺。金章宗时以为有二凤凰率诸鸟飞落于此，所以称为凤城岗，以后又讹而为封神岗。

开封是一个历史名城，它的地名都有历史的来源和意义。由于多年来的沿袭传讹，特别是军阀时期与国民党时期，行政当局仅凭主观的意念滥改地名，把许多地名改得意义模糊，甚至抹杀历史价值，庸俗无聊。如把曹三厅改为三民胡同，文殊寺街改为文化街，就是把有定位意义的地名，改

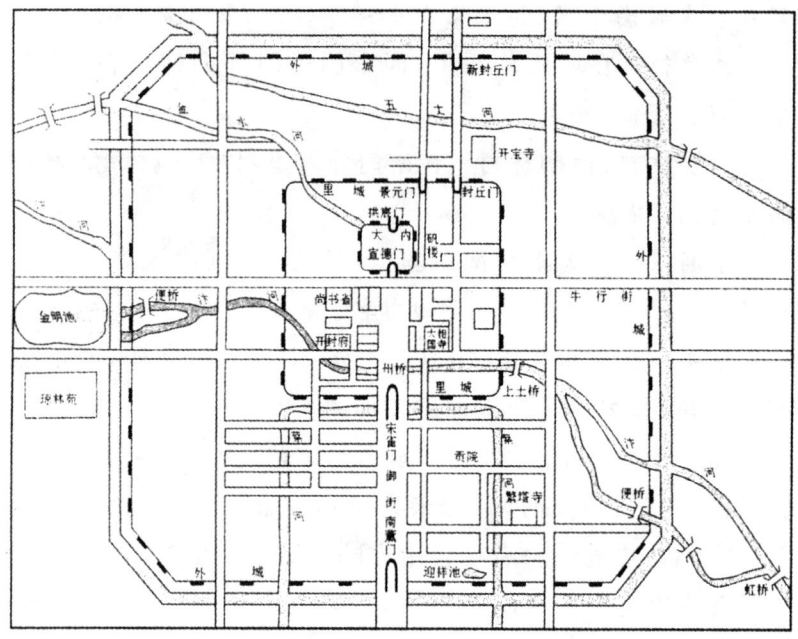

北宋东京略图

为了一般化的地名。把挑筋教胡同改为教经胡同,失去历史的意义。游击府街,本是一个历史地名,把它改为自立街,其用意就是不要游击而要自立,简直是无理取闹。

我的管见,开封现行的地名,应当有所调整。其调整的原则有四:

(1)沿用传讹的地名应当更正,如熊家园讹为杏花园,张家胡同讹为酱醋胡同,拆楼口讹为车路口等是。

(2)有历史价值的地名,应当复原,如挑筋教胡同、游击府街、老府门等是。

(3)毫无意义的地名,应当改为有政治性、历史性的名称,如睡觉胡同、臭水胡同、毛胡同等是。

(4) 其他为群众所习用,没有更改必要的地名,不必更改。

(原载《地理知识》1982 年第 5 期)

汴梁识小

这篇随笔是从1961年到1964年间工作之期写的。想到就写，信笔写来，零星、琐碎，正示其识小而已。

我于1932年曾寄寓开封，1951年重来，有城郭犹是，人民已非之感。其实城郭也有改变了。龙亭、鼓楼皆于1948年第一次解放时，因国民党军队负隅顽抗，而遭受破坏。龙亭前房屋完全被毁，只有中山铜像巍然独存，可是也满身枪痕了。鼓楼本是一个民族形式的建筑，1928年冯玉祥督豫时，把屋顶打一个洞，竖立一座钟楼，看来令人不顺眼。现在上层都被毁，只剩下层台基，更不像一个样子了。

开封城周二十里，各作长方形，本辟有五门：北门、西门、南门各一。东门有二：大东门名曹门，以通曹州得名。小东门名宋门，以通宋州（今商丘）得名。旧有五门不对之说，即北门不正对南门，西门不正对东门。自1928年于南门东，开辟新南门，则和北门正对了。解放后在南门西辟西南门，西门南辟新西门，宋门北辟新宋门。开封共有九个城门了。

开封原来五个城门的正式名称，曹门称仁和门，宋门称丽景门，南门称南薰门，西门称大梁门，北门称安远门，都是宋、明遗留下来的名称。但不为群众所习用。

国民党时代，改曹门为平等门，宋门为自由门，南门为中山门，西门为博爱门，北门为共和门，也始终没有被群众所使用。

曹门内的教经胡同，本名挑筋胡同，为犹太族居住地。原有挑筋教堂，今已无遗迹可寻。

开封的少数民族除犹太族外，还有回族、满族、蒙族。据1957年的调查，全市人口三十七万人。其中回族约有一万五千人，满族约有一千人，蒙族约有一百人，犹太族不足百人。1952年在城内东部设顺河回族自治区。

旧满洲城在龙亭北，清康熙五十九年（公元1720年）建筑，又称里城，周五里许。驻防满营八旗（满洲骧黄、正黄、正白、骧白、正红、骧红、正蓝、骧蓝八旗）和蒙古二翼（左翼蒙古，右翼蒙古）。清末1911年的调查，有93户790口，至1922年拆毁，旗民也散居他处。其地址初为兵营，后改为运动场。

开封大小街道都称街，称为胡同、巷的极少。胡同如上述的教经胡同，又城东南有第四巷，旧有娼寮集居之所，解放后消灭了。中山路、自由路，是国民党时代所命名。

开封城四隅空旷，多盐碱地和沼泽（俗称坑）。扫土制盐、碱、硝，为市民生产之一。但旷地多积粪肥，为城市卫生的妨碍。

铁塔全称铁色琉璃塔，在城东北隅。凡十三级，高57公尺。宋代建筑。明代重修。1961年国务院将其列为全国重点保护文物之一。塔以琉璃瓦砌成，颜色早夕不同，远近望之各异，诚是壮观。

开封名胜推龙亭、铁塔、禹王台及繁塔。独禹王台揽亭台、花木之胜。前河南大学农学院设此。1957年农学院迁往郑州，这里开放为公园，是开封游览最佳的场所。开封师范学院（前河南大学）是前清贡院旧址，旧建筑物尚保留一小部（即所谓排房）。新建筑的大礼堂、七号楼，是民族形式。开封的照相馆也把它们列为名胜了。

曹门外有齐鲁花园，一称山东花园，是清末流寓的山东人所经营。地址虽小，而花木扶疏。茅亭小坐，饮茶赏花，颇足消遣。倭变时被毁，成为一片荒场。最近市政府恢复，命名汴京公园。

繁塔读婆塔，在新南门外，本为九级，现存下二级与上一级，所以形状特殊。我初以为这是印度式的塔，和我在暹罗所见的相似，后读志书，才知其不然。其中间几级是明代拆去的。不究历史，只看形式，什么问题都会弄错的。

河南人语言简质，无谈天习惯。他省的酒楼茶肆中，每喧嚣不堪，而开封则甚清静。有一个例子：说甲乙同卧一室。甲夜出小便。乙问"谁"？甲应"俺"。乙问"啥"？甲应"尿"。

《诗经·陈风·衡门》："岂其食鱼，必河之鲤。""开封饭肆"，制鲤鱼极精，制法十数种，有所谓红烧、糖醋、干炸、西辣、陈煮、瓦块等名目。宴会时，以活鲤鱼示主客，请示制法。否则不恭。鱼必三吃、两吃，即两种或三种制法。

汴绣是过去开封特产。全城有汴绣铺凡数十家，都号景文州。若杭州的张小泉、苏州的陆稿荐然。

相国寺在解放前为一民众娱乐场所及民众市场，多戏馆、饮食铺、小商店、旧货摊以及杂耍、说书、医术、卜相等汇集之所。若上海的城隍庙、南京的夫子庙然。

开封市交通工具有汽车、大车、架子车、洋车、三轮车及公共汽车。汽车极少。洋车极慢。大车旧称太平车,解放后都改为汽马车了。

开封地方戏剧,有梆子、曲子、二夹弦等。而京剧则称簧戏。地方戏以梆子为代表,即所谓豫剧。解放后改良豫剧,唱词用梆子,道白用京调,颇不调和。

开封习俗,封建色彩还很浓厚。婚丧仍存旧制。客过访,若主人不在,主妇则在内应道"无人",不出而招待的。

西瓜为开封土特产。以袁坊乡的南北店村,狼城岗乡的落堤村所产最有名。有手巾条、玉米子、胎里红、三白等品种。大者至二三十斤。皮薄瓤甜,远销京、津、沪、汉等地。

河南方言,称淡为甜。甜汤与咸汤相对而言,甜水与苦水相对而言。甜则称糖,为糖汤、糖糕。外省人每多误解。又油条(油炸烩)称油馍,也为外方人所难解。

关于开封的地方文献,宋代有《东京梦华录》,明代有《汴京遗迹志》、《如梦录》,清代有《宋东京考》。常茂徕著有《汴中风土记》、《汴中岁时记》,惜未传于世。民国二十年(公元1931年)间李廉方长豫省文教,编了几本乡土教材,如龙亭、铁塔、禹王台、相国寺、朱仙镇等小册子。解放后我写了一本《开封历史地理》。兰封李村人写了《开封名胜古迹散记》。光山熊伯履写了《开封市胜迹志》。又,熊在开封文史馆搜到一部清人宋继郊(字树芝,祥符人,道光间举人)的《东京志略》，内容颇丰富，是初稿，拟加以整理成书，未着手。而熊先生已于1941年作古了。①

开封居民以客籍为多。过去有江苏、两湖、浙江、安徽、两广、福建、川云贵、山陕甘、奉直、山东等会馆，外省人多游宦或经商。外县人以豫西、豫北各县为多，也经商，从事手工业或劳力。流寓多于土著，这也是各省省会一般情形。

外省人在开封的历年也有变迁。清末民初，游宦的以江浙人为多，商业以山西票号占势力。在抗日战争前，理发师多扬州人，洋服业多宁波人，钟表业多南京人。现由本省人取而代之了。解放后的外省人多机关干部，各省人都有。又由于沿海工厂内迁，也有上海、无锡工人迁入。

在开封的外县人，解放前，汜水、巩县、荥阳等县人多经营麻煤、书笺等业，滑县人多为理发师，长垣人多为厨师。

耶稣教传入开封，始自1898年，有内地会的包牧师初抵汴，1902年租屋建教堂。是年夏，有金牧师来汴，与包氏合作。其后有法牧师夫妇来汴，开始进行妇女工作。1907年有循礼会的雅牧师夫妇来汴。次年浸礼会的山利牧师夫妇来汴。1910年加拿大圣公会怀履光来汴，教会等业得到迅速的发展。1917年信徒有520人（见中华归主）。

耶稣教以民初至1927年最发达，设有医院（福音医院）、中小学校（有圣安得列中学、济汴中学、若瑟女中、静宜女中

---

① 谢注：此说不确。熊伯履先生故世时间或在"文革"时期。熊先生任教于河南大学，1960年代还与于安澜先生时有往还，我社资深编审刘小敏女士曾见过熊先生。

等)、基督教青年会等机构。以圣公会主教怀履光最活跃,曾盗贯犹太教碑。他著有英文《洛阳古城古墓考》。

开封最早的高等学校是清末的河南高等学堂。其次是公立法政学堂及优级师范学堂。民国元年(公元1912年)设立留学欧美预备学校(今河南大学前身——编者),1915年改为中州大学,法政、农业专门学校也并入。国民党时期名河南中山大学。1942年改为国立河南大学。解放后1952年由河南大学分为河南师范学院、河南医学院与河南农学院。师范学院分二院,一院在开封,二院在新乡。1956年改名开封师范学院、新乡师范学院。

开封学术界先辈动物学家秉志,字农山,祥符旗籍,前清举人,曾毕业京师大学堂,留学美国康奈尔大学,归国后任南京高等师范学校教授。

近三百年开封人物以史可法最著名,祥符人,寄籍大兴。其他有周亮工(原籍祥符,寄籍江西全豁)、刘毓楠(祥符人)、王懿德(祥符人)、倭仁(驻防旗籍)等。

江宁邓之诚注《东京梦华录》,以宋人笔记为主要来源,以笔记注笔记,没有多大发明。如《东京梦华录》中的许多食品,就没有考证出来。

常茂徕字秋崖,祥符人,清道光间拔贡,曾任偃师、登封两县教谕,治朴学。著书二十余种。刊行的有《春秋世族源流遏考》、《春秋女谱》、《怡古堂文抄》、《洛阳石刻录》、《石田野语》、《增订如梦录》等书。他考证《东京梦华录》著者是孟揆,自有他的见解。邓之诚轻加批评,说他不学无术,未免武断了。

1923年康有为游开封,在龙亭题联云:"东京梦华销尽,徒叹城郭犹是,人民已非。 中天台观高寒,但见白日悠悠,黄河滚滚。"又题诗云:"远观高寒俛汴州,铁塔繁台与云浮。万家无树无宫阙,但见黄河滚滚流。"

解放后,引黄水入城,绿化城市,工厂、学校新建筑不断出现,大改昔日面貌了。

浚县吴世勋,字干卿,历任河南各中学教员。据其亲历调查所得,著有《河南地志》。实际著作,远非汇抄书志者可比。他所述开封地理,正反映民国十几年间的情形。其中说开封奇俗"贺生子"云:"得子之家,以鸡鸭蛋遍送戚友。蛋壳画龟或便壶,以示添丁之喜。戚友受之,即往庆贺,以五色油或墨涂新儿父面。戚友簇拥,导以鼓乐,后载贺物,绕游街市,以为荣幸。主人或倒骑驴背,作种种怪状。甚至以便壶盛酒,时送儿父唇边,作劝饮状者。喧哗欢笑,有若疯狂。"这个陋俗,解放初在街道上还可以见到。

民初出版的《中华全国风俗志》,载有开封风俗诗,兹摘录如下:

> 媳妻客女学生儿,坏懒讹音种种奇,主贵果然生总统,谶言早寓俗言时。①
> 南北风情迥不同,县城不及一乡中,开门七件无三

---

① 豫俗谓妻曰媳妇,女曰客,儿曰学生,坏曰懒,开口惯言主贵——作者注。

件,浮出唯多蒜与葱。

畜生唯有北方多,谚语曾闻客说过,今日亲躬临豫省,载途果然马牛骡。

称呼女仆任雌黄,黄奶王妈总不妨,最是豫省尊若辈,举家莫不唤干娘。

闺阁流风尚朴良,除非至戚莫周行,倘然有客相探问,莲步从来不上堂。

妇女衣妆久不时,裙拖一事更非宜,无端席地翩翩坐,尘土居然不碍伊。

戏班问候闹纷纷,开演无非斗几文,声色倘教京沪晓,定然登报入新闻。

病命房墙地与天,河南三靠久相传,更添一事凭谁靠,遍地豺狼靠没钱。①

这大概是南方人所作。其中当然有主观的地方,可是所说的方言、习俗,确反映清末民初的情况。

北方人叫南方人为蛮子,南方人叫北方人为侉子,都是不敬之称。元代《马可波罗游记》,称蒙古为契丹国,南宋为蛮子国。侉子来源不详,或说是华夏之华的转音。

开封土特产可举的,有西瓜、落花生、酱菜、汴绣、草帽、呢帽(新式礼帽)、毡帽、油布伞、毛笔、刀、剪、小农具、牛羊

---

① 有病无医,药店代诊。有梁无柱,以墙为架。地则全无水利之可言。谚云病靠命,房靠墙,地靠天也,劫财架票,时有所闻——作者注。

皮、盐、碱、硝等。有部分外销。

酱菜、咸菜种类多，以大头菜最著名。其他有大芥、萝卜、白菜、黄瓜、莴苣、韭花、香椿、花生仁、杏仁、芥菜、胡萝卜、大蒜、大葱、榛椒、豆腐、西瓜酱等。

又北方副食种类缺少，所以槐花、榆钱、柳叶皆列入食谱。

开封水产缺少。除黄河鲤鱼外，蟹虾来自徐州（微山湖出产）。解放后在龙亭湖养鱼。市上可常见二三斤的鳊、鲫、鲢、鳙（花鲢）了。

野味也稀少，而以咸兔肉著名。

开封金名南京。《马可波罗游记》作Nakin。旧说为安庆或金陵，皆误，因元代金陵还没有南京之称。

清代小说以开封为背景的有李绿园的《歧路灯》，是一部社会小说，文笔不在《品花宝鉴》、《醒世姻缘》之下，书中多描写男女性关系的地方。这是旧小说的通病。

从开封街道名称，可以见到城市历史背景。如以旧衙署命名的，有河道街、理事厅街、院前街等。以寺庙命名的，有文庙街、寺前街、寺后街（相国寺）等。以商市命名的，有书店街、鱼市口、山货店街等。以古迹命名的有徐府街（明徐达府）、州桥街、午朝门街等。国民党时代命名的，有中山路、自由路等。1962年我写了一篇《开封市地名释义》，有开封师院地理系打印本。

汴梁八景，历代不同。清末的一般说法：（一）龙亭曜日，（二）铁塔穿云，（三）樊楼歌舞（俗指樊楼遗址在北书店街路西），（四）繁塔鼓吹，（五）汴宫烟柳，（六）吹台春色，（七）相国香林，（八）鼓楼明月。

清咸丰三年（公元1851年），太平军将领林凤祥、李开方、吉文元等北伐入河南，克睢州，五月十三日进攻开封。当时守城的清河南布政使沈兆沄，按察使林扬祖于城外掘深沟两道。适暴雨，水深数丈。太平军攻数日不下，退集朱仙镇。十六日进克中牟，取道郑州，由汜水口渡河北上。

清光绪三十四年（公元1908年），东乡治台村（在城东南十八里）回民李延庆，因反抗清吏征沙地粮税，纠合农民起义。一时聚众达三万人，把守交通要道，不许运一粒粮食到开封城。为阮村的阮林告密。清河南巡抚陈夔龙派兵前往镇压。李失败逃往杞县自缢，清吏戮其尸。李延庆抗粮造反，当时被农民编为戏剧。

近年黄河威胁开封城有两次。一次为清道光二十一年（公元1841年）六月十六日河决三十里堡。黄水由南门入城，城破在即。当时巡抚牛鉴，由于官民合作，竭力堵塞，得免。一次为民国二十一年（公元1932年）八月三日黑岗口水位陡长五、六尺，决口在即，危迫万状。十日省主席刘峙，命人至河北长垣境，决堤泄洪，黄水泛滥于下游，开封得以脱险。

拙著《开封历史地理》，末附参考书目①，其尚未列入者，补录如次：

---

① 谢注：本次成书，系从《李长傅文集》中直接节录，故未见有原书附录，估计是编排中省略了，到河南大学图书馆也未借到原书，只得阙如。

《汴城筹防备览》，傅寿彤撰，清咸丰十年。

《汴梁卖书记》，公奴著，清光绪二十八年。

河南巡警教练所编地理讲义《河南省域地理》，清宣统二年。

《中州回顾录》，林壬著，地学杂志，民国三年十一期。

《开封小记》，肖愚著，《禹贡》半月刊四卷一期，民国二十四年。

开封向为河南文化中心，公私立学校林立。就解放前1947年而言，高等学校有国立河南大学，省立商业专科学校，私立中原工学院。中等学校有省立开封师范，开封女子师范，开封高级中学，开封女子中学，开封初级中学，开封高级织染职业学校，开封高级农业职业学校，开封高级护士职业学校，私立大河中学，两河中学，豫中中学，河南高中，嵩阳中学，静宜女中，明诚中学，济汴中学，中州中学，任时女中，真光初中，黎明中学，力行中学，北仓女中，太华中学，梁宛女中，重光中学，中国中学，西北中学，维新中学，建国中学，河南高级艺术学校，振坤女子高级职业学校等。

开封民初物价，大米一斗1400文，小米一斗660文，小麦一斗1000文，高粱一斗950文，黄豆一斗800文，绿豆一斗1100文，花生一担6000文，面一斤80文，肉一斤180文，鱼一斤180文，盐一斤52文，瓦匠一日工资200文（供饭），挑夫一日250文，轿夫一日350文。

开封黄河渡口有柳园口与黑岗口。柳园口在城北二十里，为河北至开封的冲要渡口。黑岗口在城西北二十五里，是引黄济惠的地点。又开封下游九十里兰封界有龙门口，过去是一个水运码头。德国李希霍芬通信集，就提到它。咸丰八年铜瓦厢决口后废弃了。

解放后关于开封的文献，除已述外，还有：

《开封市经济文化情况志要》，市人委编，1958年；

《开封市自然经济条件一般概况》，市建设局编，1957年；

《开封县历史乡土教材》、《地理教材》，开封县教育局编，1959年；

《开封市自然地理概述》，开封师院地理系编，油印本，1960年；

《黄河人民公社史》，开封师院历史系编，载《开封师院学报》，1960年；

《相国寺考》，熊伯履编，河南人民出版社出版，1963年①；

《龙亭史话》附图，开封市文管会编，油印本，1964年。

---

① 谢注：前说熊先生1941年作古，系误植。据《还书图歌》（未刊稿），1947年春，熊伯履先生还就段凌辰先生《萧选》复得事题咏，可知其言有舛。另据刘小敏编审回忆，靳仲云、熊伯履虽至耄耋之年，仍与于安澜先生时有往还，且二老都是在"文革"中梦寐而息。耳食之言，仅供参考。

开封地方志现存的,有明万历十三年周藩朱睦㮮修的《开封府志》;清顺治十六年钱纶、盛朝组修的《开封府志》;乾隆四年管竭忠修的《开封府志》;顺治四年李同亨修的《祥符县志》;顺治十六年张俊哲修的《祥符县志》;乾隆四年张淑载修的《祥符县志》;光绪二十四年黄舒昺修的《祥符县志》(黄字曙轩,湖南湘潭人,当时任明诚书院院长);1937年邑人许钧主修的《开封县志》,稿存开封文史馆;在沦陷期间,邑人陶锺翰、漱芝修《开封县志》,未成,只印了《开封县志草略》一册;1960年市人委编的《开封地方志》,已成初稿,尚未付刊。

1962年开封师院地理系资料室编《开封地方文献目录》,分综述、历代纪事、自然民族宗教、经济文化、地名、地图六类,计有一百五十余种,1964年增补有一百八十余种。

解放后,开封回族多戴维吾尔式的白布小帽(帽檐比维族帽深,和护士所戴的差不多),称为民族帽,近几年又看不到了。

解放战争时期,因国民党军队负隅反抗,鼓楼及龙亭前的前院、中院被毁,龙亭亦破坏。铁塔于1938年被日寇炮轰,也有破坏。

解放后龙亭、铁塔都加修复。在河北彭城镇定制琉璃瓦,修整一新。龙亭前的潘杨二湖,由于引黄济惠,死水变成活水,湖旁遍植树木,并发动群众在龙亭西堆成一座土丘,命名群力山,面貌焕然一新。

相国寺内设文化馆及儿童运动场,经常举行各种展览会，不但外观，内容也改变了。城西南的延庆观，为宋元以来的大道观。它所遗留下来的玉皇阁、八角亭，是明代建筑物，具有特殊风格，但一向为人们所忽视。解放后也加修整。

只有鼓楼还没有恢复旧观。我以为这样有价值的历史建筑物，应当修复。但是那叠床架屋的钟楼，则大可不必。

历史上传入开封的宗教，有祆教，宋东京城东北有祆庙。

犹太教（挑筋教，一赐乐业教）自称南宋时传入，教堂在挑筋胡同。

回教自称是唐贞观二年传入，不可信。今城东南的东清真寺（东大寺），据它的碑文，是明永乐五年增修的。创建年代不详，但从回族形成的历史看来，最早不过元代。

开封珍贵的历史文物，有挑筋教的明弘治二年重建的清真寺碑记，正德七年尊崇道经寺纪，清康熙二年重建的清真寺记三碑，1912年为加拿大圣公会购去，存圣公会教堂（今名三一教堂）内。又金进士题名碑，是女真文，本在曹门外宴台河顺河庙中，后移文庙，1930年移至博物馆。近人罗福成加以考释，著有《宴台金源国书碑考》及《宴台金源国书考释文》。宋二体石经残石，现存市博物馆。

近年文化界人士游开封而有关于开封的记述的，有1910年张相文来开封调查犹太教事迹，著有《大梁访碑记》，登载在《地学杂志》。1923年康有为游开封，在龙亭题诗，有"远观高寒俛汴州，铁塔繁台与云浮。万家无树无宫阙，但见黄河滚滚流"。1924年罗振玉曾至开封为二体石经（孝经残石）题记。1931年顾颉刚曾游开封，著有《辛未访古日记》。

1935年有滕固者来开封,自谓受中央古物保管委员会的委托,调查河南陕西的考古工作,著有《征途述古记》,有云:"闻某君云,圣公会内有犹太教之石刻。亟往访观,则为正德七年所立之道教碑,不禁废然。"不学无术,无怪其废然也。

清末1907年间外国人来开封访古的,有法国沙畹,日本桑原隲葳。沙氏著有《华北访古记》,桑原著有《雍豫二州旅行日记》。

开封犹太教初不为世人所注意。明末利玛窦在北京,遇见一位开封犹太族艾举人(伯希和考证名艾田),说开封有犹太教堂一所。犹太人10～12姓,有五六百年的历史,保存摩西五经。利玛窦命中国教徒黄明沙往开封调查,才为世人所知。继而艾儒略于1613年赴开封调查。其后1704年骆保禄,1721年宋君荣、孟正气也先后前往调查,得以进一步了解其情况。1850年伦敦犹太人布教会派人调查,其结果有香港的英国人司密斯写了一本《开封犹太教》,1851年在上海印行。1876年丁韪良也赴开封调查,见其所著《中国环游记》。1910年法国管宜穆写了一本《犹太教碑考》,在上海徐家汇天主堂印行。

我国人注意这个问题的,最初是同治间钱恂的《归潜记》,引英人某(司密斯?)的报告,谈到开封犹太教。1910年张相文到开封调查,说教堂已经不存,教徒不足二百人,著有《大梁访碑记》,登载在《地学杂志》。1912年犹太教徒赵允中把三个教碑卖给圣公会主教怀履光,教堂遗迹也完全消灭了,其教堂地址今为职工医院的一部分。

我国专门研究这个问题的，1920年陈垣著有《开封一赐乐业教》，登载在《东方杂志》。同时通许时经训也写有《开封挑筋教考》。陈氏专门是文献考证，时氏则主要根据传说。但据关百益（开封旗人）说，时氏文未完成。1934年圣教杂志25卷4期载有《开封犹太教概论》。解放后在全国高等学校科研论文目录中有潘光旦的《中国犹太教研究》，未见。

开封地势低洼，就附近讲，西北高而东南低。就开封城讲，城外高而城内低，俗说黄河大堤与铁塔尖一样高，这是过甚其辞。据实测，黑岗口最低水位，比城内高5～6公尺。城西城北沙丘环绕，高74～75公尺，城内一般高71～72公尺。所以形成盆地，这都是宋以后黄河在开封四周泛滥淤积的结果。

开封附近沙丘四布，而以西郊北郊为发达，地理学上称为沙丘地形，这是宋以后黄河在开封四周泛滥改道所形成的。宋以前并不如此。《汴京遗迹志》记开封地形，分为岗、堆、坡、陂洼地四类。岗有牟驼岗、凤城岗、望牛岗、百岗、独乐岗等四十二处。堆有青堆等三处。坡有幕天坡等二处。陂有夏侯陂等七处。并说："诸岗屡经黄河冲淤，存者无几。而居人犹能指其遗址焉。"则沙丘地形的前身，可以称做岗堆地形。

开封年平均温度14.7℃，一月平均温度－0.6℃。极端最低温度15.3℃。七月平均温度26.7℃，极端最高温度41.3℃。全年无霜期平均239天。全年平均降水量613.9毫米，最多达1018.7毫米（1937年），最少仅179.2毫米

（1930年）。自5月至9月的降水量占全年十分之八。全年主要风向为东北风及西南风。各种风速，以北、东为最大，其次是西北、西。全年各月平均风速以4月最大，其最大风速达28米/秒。大风每出现在冬季或早春的干旱季。所以春季风起时往往风沙弥漫，黄尘蔽日。

在解放前每有白昼燃灯的现象。解放后四郊植树造林，固定沙丘，风沙大为减少了。

开封是一个历史古城，街道的分布很有规律。龙亭是宋大内遗址，偏在城北部，以中山路直达南门。其他街道，由中山路分达东门、西门。街道纵横作方格状。这个形式和北京相似。南关的街道是铁路开通后自发形成的，所以杂乱不规则。

开封城市的职能分区，城内为住宅区（包括商业区、行政区），南关为运输仓库区，西南关为旧工业区，东关为新工业区。

《清明上河图》，是我国非常宝贵的文化遗产。它是宋代开封东水门内外，清明时节的写真。不但在艺术上而且在历史上反映宋东京城市的特点。从这幅图上可以看到大运河的运输情形，桥梁、城门、街道、房屋等建筑形式，商业街市的景色。有些历史书转载这幅图，只留下城内的一部，把宋东京最主要的汴河割去，使它的价值降低了。原图现存北京故宫博物院。1960年开封汴绣厂绣清明上河图，那是很有意义的。

过去开封的地方文献，以人文方面多，自然方面很少。

解放前关于自然方面的论文,据我所知,只有冯景芝的《开封附近沙堆的来源与其分布》(《科学杂志》5卷11期,1926年),崔步坛、沈和的《开封兰封等县盐碱硝矿产调查报告》(《河南地质调查所汇刊》2期,1933年),戴日镰的《开封井水及黄河水分析报告》(《河南大学学报》卷3期,1934年),王景尊的《钻探开封地质报告》(《河南地质专报》第2期,1935年),傅桐生、张春霖的《开封鱼类志》,葛守信的《开封鸟类一般》(河南博物馆馆刊)。

河南新式工业以开封兴办最早。1905年官办制造局,为洋务时期的军事工业。清末民初官僚资本和商业资本兴办了电气(普临电灯公司)、火柴(大中火柴公司)、面粉(普丰公司、天丰公司、德丰公司)、卷烟(益中烟厂)、造胰、榨油、打蛋等工业。

解放后从无锡迁入纱厂(天同纱厂),从上海迁入卷烟厂,又兴办了制药厂、钢铁厂和规模宏大的化肥厂。

开封的工业基础好:(1)河南省除纺织工业外,机械食品等工业以开封为最早。(2)开封手工业为织绸、铜铁器、制革等工业,一向发达。所以在技术上有它的优越条件,为河南其他城市所不及。

开封位于平原,无山陵之胜。过去文人指城内地势较高处为山。说土街为一山,爪儿隅头(在西门大街)为一山,夷山(在铁塔寺)为一山。所谓三山不显,不显的山,还是不能弥补其缺憾。所以历代有人造的山。宋徽宗筑的万岁山(一名艮岳寿山,在今北门大街),金人侵入后破坏,树木被砍伐，山石被运往燕京，痕迹也不存在。现在的龙亭是建筑在明周王府的煤山上，是积煤的土丘，所以有龙亭山之称。1960年在龙亭西新筑一土丘，命名群力山。

明太祖封第五子朱橚于开封，称周王。在宋大内遗址建周王府（即在今龙亭与运动场）。朱橚倒是一个学者，他著有《救荒本草》。《明史本传》说："橚好学。以国土夷旷，庶草蕃芜。考核其可佐饥馑者四百余种，绘图疏之。"书成于永乐四年（公元1406年）。全书记载的植物有414种，其中来自历代本草书的有138种，朱橚自己采集的有276种。每种都绘图立说。《四库简明目录》说："是书记载诸草之可以充食者，以备饥馑，最切实用。"评价是相当高的。

开封地名的起源，相传因春秋时郑庄公，在此开拓封域得名。战国时梁惠王自安邑迁都于此，称大梁。秦设浚仪县，因城北有浚水故名。宋真宗大中祥符年间改浚仪县为祥符县。唐曾设汴州，以汴水得名。五代北宋名东京，以别于洛阳之西京。金末都此，称燕京为北京，开封为南京。金又称汴京，元称汴梁，皆由汴州而来。明太祖曾拟建都开封，一时曾称为北京。明清为开封府，首县祥符县。民国二年（公元1913年）废府留县，改祥符县为开封县，祥符名称遂不复使用。但外县人现在还有称开封为汴梁城的。

开封解放后的沿革也颇复杂。

1948年解放，设开封市，为省辖市，仍为河南省会。市区在大堤内，面积约110方公里。郊区仍设开封县，县治初设朱仙镇，1949年移至城东南十五里的黄龙寺。

1954年省会迁郑州,开封市为开封专区署所在地。

开封县自1949～1952年属陈留专区(专区署在陈留)。1952～1954年属郑州专区(专区署在荥阳),1954年后属开封专区。1957年陈留县并入开封县。1960年开封县又并入开封市。1961年又恢复开封县,但开封市区扩大到大堤之外,北至黄河岸。

1958年公社化以后,开封四关分设四个人民公社。开封县设13个人民公社,即陇海(黄龙乡)、黄河(袁坊乡)、卫星(曲兴乡)、幸福(八里湾乡)、东风(仇楼乡)、五爱(陈留镇)、八一(杨楼乡)、东方红(万隆乡)、火箭(水坡乡)、自愿(朱仙镇)、闪电(杏花营乡)、红旗(狼城岗乡)、红星(牛压乡)等公社。

杭州与汴州历史关系遗留下来的有语言。太湖流域的语言是方言,称吴语。独杭州的语言特异,名词语句使用官话,而腔调是方言,所以有吴音官话之称。

陈桥为赵匡胤发祥之所,今在黄河北岸。当时黄河不近开封,自陈桥至开封无黄河阻隔。某君谈开封自然地理说陈桥本在黄河南,因黄河向南曲流故移到北岸。又,其君说开封宋代城外商市长数十里,西南连朱仙镇。他不知朱仙镇是因宋以后汴河淤塞,贾鲁河成为豫东对外水运路而勃兴起来的。朱仙镇在宋代不过是开封附近一个普通集镇。中国四大镇是清中叶之说。宋开封城市西连朱仙镇,是无中生有之说。此皆由于不读史之故。

1957年河南全省大兴水利。开封在西郊北郊修建沟渠，引黄水灌溉，种植水稻，请天津小站老农作技术指导，获得丰收。市民第一次吃到自己种植的稻米。

1957年在南乡万隆岗发掘出土石镰和陶器。经过鉴定，是新石器时代遗物。又，1956年10月修浚惠济河时在小屯、瓦屋、李村一带，发现秦镜、秦钟等古物。

开封四郊地名，还有保留历史上名称的，为西门外的正门口村、周门村，是宋代的新郑门、固子门的地址。城东南的阳正门是宋扬州门的地址。北门外的回回营，南门外的满洲营是少数民族移入的地点。

辛亥旧历七月中旬开封破获一个革命秘密机关，名革命仁义会，是革命党和会党合作组织的。因事机不密，被河南军警探明情形，在山货店街德丰盐号捕获同盟会员周德培一名及仁义会首领余化龙一名。抄出炸弹一箱，名册一本，周余二人枭首就义，株连甚众。

武昌革命起义后，开封同盟会员张钟端（许州人）约集旅豫会员、各校学生、驻南关新军，定于旧历十一月初三夜起义，张为总司令，机关设在公立法政学堂。事泄，清巡抚齐耀琳令防营统领柴得贵率防兵数百名围抄，捕钟端等二十一人。钟端及李干公、王天杰、徐振泉、崔得聚、李鸿德、单明晏（开封回族）等十一人于十一月初五日就义。

开封于1948年解放。第一次解放在6月17日到22日。我部队为陈粟野战军。这一个战役歼灭敌军36600余人，击毙敌城防司令李重新，粉碎敌人三路援军84000余人，生俘敌兵团司令区寿年，缴获大批军用物资，龙亭、鼓楼因敌军据此顽抗被破坏。第二次解放在10月,当时全省已绝大部分解放。开封解放后设置开封市,省人民政府驻此。另设开封县人民政府,驻朱仙镇,1949年9月迁至黄龙寺。

礬楼一名丰乐楼,是宋东京名酒楼之一。其遗址俗传在北书店街、徐府坑口。清末民初在墙上树有匾额,题"礬楼古迹"。按据《东京梦华录》,礬楼在土市子(今土街北口)北马行街旁,大货行街。《宋稗类钞》说礬楼在东华门外景明坊,则当在宋大内东,而不在宋大内南的北书店街也。

黑岗口引黄济惠虹吸工程,始于民国二十三年(公元1934年)。国民党当局大张旗鼓,举行放水典礼,招待各界参观,由于管理人崔某只使用一个水管,当时无水放出。建设厅长张静愚大为震怒,令崔某当场受罚跪处分。

开封最早的新剧(话剧)是留日学生孙宗文于辛亥秋季成立的两河文明新剧社,为清吏所禁止,民国成立后才继续开演。

日寇于1938年6月6日侵占开封。8月设为市政府。沦陷时居民多逃难,全城人口只有5万人。至1940年增至20万人,其中有日本人7千之多。

1939年日寇筑开新铁路(轻便铁路),从南关车站经城西,过黄河故道至新乡小冀,长130公里,胜利后拆毁。

1959年修筑开柳土铁路,起自开封火车站过惠济河,经城东公园街西侧,向北至曹门,跨越护城河,沿河西侧向北,经城东北角向西北,沿开柳公路东侧往北,经牛庄、王周庄(机械砖瓦厂)到小周庄,至柳园口,全长13.7公里,专为运送修筑黄河堤防工程石质材料之用。

贾鲁河相传为元丞相贾鲁所开,是后人附会。按贾鲁所开的贾鲁河是指贾所修的黄河,自今兰封至曹县一段。今贾鲁河明代名孙家渡河(见《汴京遗迹志》)。

朱仙镇特产旧有红纸、门神、豆腐干。门神是年画的性质,远销闽、广等省。因为是迷信产物,解放后没有制作。豆腐干解放后还制造,因无销路停产。

朱仙镇最大建筑有关庙与岳庙。两庙相邻,关庙壮丽也媲美岳庙,是清末山西票号商人所建。

甘薯(俗称白薯),花生(俗称落花生),是开封两大农产。

据《金薯传习录》,甘薯是明万历间福建人陈振龙从吕宋传入的,初在福建种植,振龙子孙传至全国各地。他的五世孙世元(即《金薯传习录》著者)传入山东胶州。世元令其长子陈元和次子陈燮传入河南朱仙镇和河北各县。

花生在开封附近种植,始于清朝末年,是小花生种,俗名麻花生,产量少,只供本地消费。1911年传入意大利种,俗名洋花生,即今日的大花生,产量多,出油率高,为开封主要输出物资。

开封近年人口增长的数字,1860年20193户,92724人(据《汴城筹防备览》)。1911年30813户,122582人(据省城巡警局调查)。1932年53125户,246046人(据省会公安局调查)。

开封回族和汉族的差别,除信仰风俗习惯遵守伊斯兰教义外,由于少和外族通婚姻(只和犹太族通婚,所以犹太教俗称青回回），血统比较单纯。生理上常有深目高鼻多发的现象。所说的开封话，音调也和汉族稍异。

开封城市区划，明代分为八坊，叫大宁坊（在南门内街东）、永安坊、宣平坊（在曹门内）、安业坊（南至第五巷，北至鼓楼东北）、新昌坊（在西门内）、崇仁坊、惠和坊（在土街东北）、广福坊（在北门内街东）。又有五隅，叫汴桥隅、鼓楼隅、钟楼隅、土街隅、西关隅（见《如梦录》）。

清中叶又分为九隅，以城门名的有四，即宋门隅、曹门隅、北门隅、西门隅；以街名的有四，即县前隅、徐镟隅、肖墙隅、土街隅。另有一大隅首（见《汴城筹防备览》）。清末兴办警察，划全城为五区，即东区、西区、南区、北区、南关区。解放后分为四区，为顺河回族自治区、龙亭区、鼓楼区、南关区。

（完稿时间不详）

跋：书生意气乐潇然

谢景和

痴愚如我者，不过一潦倒书生，蒙社领导谬爱，却有幸在母校河南大学出版社做特约编辑，参与了一系列学术书籍编辑出版，一晃已然九年，不免让家人嗤笑、责怨不已。

参与"开封文化丛书"的编辑就是机缘凑泊。

2010年春天，资深编审、审读编辑中心主任刘小敏交给我一本书稿，帮她判断是否列入出版计划。读后大为惊讶，作者竟然是开封著名作家墨桅，那种灵性天然的文字，叙事明快中别有一番动情处，令我击节叹赏。

欣幸之余，又不免搔首踟蹰，一时不知放到哪里去好？

见我痴迂，小敏姐就说自己编了一本周宝珠先生的书，制片即将出版，何不组合成一种新的书系？

一语惊醒梦中人，我也想起社版《李长傅文集》中有关开封的精彩篇什，连在一起，足以形成深入的文化研究系列，就乘兴起草了审稿意见：

> 赵中森先生系开封市文联《梁园》（今《东京文学》）资深编辑、作家，著有中篇小说集《楚天鹤》、《倾国恋》，并曾借调中国文化书院编辑季羡林先生《中印文化交流

史》、庞朴先生《白马非马》等文化名著。

"人民会场的鸽子"主要记述开封城市的街道风情，"宋朝暖水瓶"重在记录许多独特的汴梁风物，"假领"是对时代文化现象的描述，"传说中的白凤"则记述了许多开封文化名家的故事。作者不仅视野广博，驾驭文字的功夫也很精深，对于开封文化中的独特现象理解得更是透彻，这就使他驾轻就熟、举重若轻的文笔散发着深厚的文化积淀。对于历史记忆中的史实考证让人过目难忘，既有对历史的追述，也有对现实的感喟。

鉴于我社曾组织出版过"开封旅游文化丛书"；如结合"汴梁风物"深入开发，对于扩大开封历史文化研究也会大有裨益（李长傅先生的开封地理文化研究已作出了楷模）。在此基础上，促进相关文化的考辨就能体现出独特的内涵。与开封旅游市场结合开发，更是一条可以尝试的途径。关键在于如何深入开发和进行谋划了！

总编辑张云鹏教授很快就作出如下批示：

本书系从我社2007年出版《李长傅文集》中有关开封历史地理方面的论述选出的，可单独成体，与其它几种组成一套反映古城开封的系列小书。

本书作者为学术名家，治学严谨，有大家风范；本书虽为介绍，但读来很有意味，堪称名作。

书生意气的我不识天高地厚,以为成竹在胸,贸然就与小敏姐、中森兄到市里联系,这有当时撰写的说明资料为证:

依托自身深厚的学术背景,深入挖掘本地资源,一直是河南大学出版社的出版宗旨。为此,组织专家学者先后编撰了"宋代研究丛书"(现已出版18种)、"开封旅游文化丛书"(口袋本12册)、"宋代纪实小说系列"(7册),形成了高层次、多角度的出版格局。

近期我社又策划了"开封文化丛书"(首辑3册)。作者皆为国内知名的专家学者和作家,如国内著名人文地理与历史地理学家李长傅先生,早在20世纪50年代就利用教学之余辛勤搜扒史料,精心撰写了《开封历史地理》一书(商务印书馆1958年版),此次收录的相关论文、读书札记,使其更为丰赡(《开封地理环境的变迁》、《开封水道的变迁》、《朱仙镇历史地理》、《开封地名浅释》、《汴梁识小》),多层次深入探讨了50~60年代开封历史地理研究,开人视野,发人思路,令后人难望其项背,是典型的大家之作。至今读来仍受益良多!

又如历史文化学院著名宋史专家周宝珠教授虽是古稀之年,仍然宝刀不老,体弱多病尚执笔不辍,撰写出了近20万字的《古都开封》一书(截止到清朝),典型的学者文章,使人对开封的历史获得明晰的认知。

开封作协名誉主席,《东京文学》退休资深编辑,著名作家赵中森先生年过花甲,饱含着对古都开封的热爱，将那消逝的风景凭借惊人的记忆力写进《宋朝暖水瓶》，对城市过去的感喟，对隐没已久的文坛风景的缅怀与追忆，既是一种记忆，又是在铭刻历史。在《汴梁晚报》登载后，就受到广大读者好评，河南大学历史文化学院教授、宋史专家、《河南大学学报》主编程明生先生全力举荐，文学院教授、国家一级作家刘恪先生精心撰写的深刻感人的序言中这样评价："他让文字散发出迷人的光芒……"并将其作誉为"新东京梦华录"。

上述三书作者，都是不同时期的饱学之士［李长傅先生（1899年11月29日～1966年2月4日）］，撰写文章的风格虽不相近，行文的宗旨却惊人的一致：深入开发开封文化底蕴，从历史地理角度、城市发展史角度以及市井文化现象进行归纳整理，是极为难得的珠联璧合之作。不知读者以为然否？

不料好事多磨，很长时间竟无下文。

忽然近期峰回路转，柳暗花明：周宝珠先生的《古都开封》已然成书，赵中森先生的《宋朝暖水瓶》几经反复也终于获得了CIP数据，于是李长傅先生的《汴梁识小》"水到渠成"，即将付印。

然而，对于李长傅先生的《汴梁识小》，却还有一些必须说明的文字：

《李长傅文集》是由河南大学环境与规划学院黄以柱教授负责编选，徐晓霞副教授为编审做了大量工作，这使我在编选这本小书之时获益极多，应该首先予以感谢！

李长傅先生的女儿李平女士和女婿陈代光先生精心撰写的《李长傅先生传略》（见《李长傅文集》，河南大学出版社2007年版）对于先生治学研究多有涉猎，精彩文字决非一例，摘选如下，以飨读者：

> 解放后，先生于1951年应邀到开封市河南大学地理系任教授，讲授中国地理、中国经济地理、中国历史地理等课。研究的重点，除继续进行历史地理考证和地理古籍注释之外，主要是致力于河南历史地理方面的研究。
>
> 在河南历史地理研究方面，主要涉及城市历史地理和自然历史地理两个领域。前者的主要成果有《开封历史地理》和论文《洛阳历史地理》、《朱仙镇历史地理》、《南阳历史地理》、《新乡历史地理》等。其中《开封历史地理》是先生到河南大学以后首先潜心研究的代表作。从1951年着手，到1958年完成出版，倾注了八个年头的心血，曾经四易其稿。该书运用历史唯物主义的观点，科学地将开封发展的历史划分发展、衰落、新生三个时期。详细地阐述了不同历史时期开封地理环境和社会经济地理的基本特征，揭示了数千年来该城市地理发展变化的规律性，并根据该城市发展的历史、现状和区位条件，指出："开封应是一座轻工业城市和文化城市。"论点明确，资料翔实，文字精练，图文并茂，多有创见。

《开封历史地理》是开封历史地理研究上第一部全面、系统的专著,也是国内最早全面、系统研究城市历史地理,特别是古都历史地理的重要专著之一。出版后受到了国内同行一致的好评,在理论和实践上均产生了深远的影响。

《开封历史地理》一书,虽不足四万言,但它是由大量的资料浓缩而成的。据粗略估计,先生共翻检了一百五十多种文献。其中有史书和正史,有省、府、州、县等地方志,有文集、笔记、碑碣,还有大量报刊上的材料。这些材料详略互异,有些还互有矛盾,缺略、失载尤多。面对浩如烟海、复杂纷繁的材料,先生根据时间、地点、条件和作者经历等多方考订参证,而后批判运用,力求正确无误。

50年代,先生研究开封历史地理问题时,不顾晚年步履艰辛,顶风霜,冒酷暑,走街串巷,调查街市名称的由来及沿革……为了深刻认识黄河决口泛滥对开封城市兴衰的影响,先生曾数次到城北的柳园口、黑岗口等沿黄地区调查访问,从而得出这样的结论:"自金以来,黄河泛滥,破坏了开封城市,改变了自然环境,这对开封经济的衰落,有一定的影响。"(《开封历史地理》)可以这样说,先生在研究著述的过程中,凡有条件实地考察的,都务必进行实地考察。

以《汴梁识小》命名全书,绝非轻觑前辈学术名家的孤心苦诣，而是深谙学术名家佳制小中见大之意趣。于是才有了书前"编辑人语"深情感慨。

遗憾的是，陈代光先生已经去世，李平先生也难以联系。晚学的痴情编辑只是一种基于感动后的心理反应而已。不过，善良的读者当会启悟更多！

权为跋！

2011 年 11 月 5 日于河南大学出版社 503 室